나도 당할 수 있는
교통사고
보상이야기

　손해사정사는 보험사고 관련 손해액 및 보험금을 산정하는 업무를 하는 전문가입니다. 필자는 손해사정사로서 10년 이상 손해사정법인을 운영하면서 보험소비자들을 위해 수많은 사건을 상담하고 보상업무를 해왔습니다.

　보험사고 중 특히 교통사고의 경우, 피해자들이 사고 이후 보험사로부터 제대로 보상 받기는 쉽지 않은 것이 현실입니다. 막상 교통사고가 발생하면 병원에서 치료받기 바쁘고, 보상은 보험회사에서 알아서 처리해 줄 거라는 막연한 기대감에 손 놓고 있기 마련입니다.

　나와 내 가족들을 위해 직접 자동차보험을 알아보고 싶어도, 깨알 같은 보험약관과 어려운 보상용어 때문에 교통사고 피해자들이 보상을 제대로 이해하기는 매우 어렵습니다.

　필자는 이러한 수많은 경험들을 통해서 '어떻게 하면 보상을 쉽게 이해할 수 있을까?', '어떻게 하면 제대로 보상받을 수 있을까?' 고민하게 되었습니다.

　이후 복잡하고 딱딱할 수밖에 없는 '교통사고 보상관계'를 사례중심으로 풀어가면서 강의를 시작하게 되었고, 2013년 여름 경찰교육원 외래교수로 초빙 받게 되어 '교통사고 보상이야기'라는 주제로 특강을 시작하게 되었습니다.

　경찰교육원에서 특강으로 시작한 필자의 강의가 많은 경찰관에게 호평을 받게 되면서 2015년도에는 '베스트 외래교수'로 선정되는 영광을 얻기도 하였으며, 이후 경찰청 사이버강사로 선정되어 전국 경찰관들에게 필자의 강의가 동영상으로 상영되고 있습니다.

사실 저는 처음부터 이 책을 출판할 계획이 전혀 없었습니다. 그런데, 경찰청 사이버강의가 시작된 이후 전국 1만 6천명 이상의 경찰관들이 듣고 많은 성원과 호평을 받으면서 "아!! 이 강의는 꼭 책으로 출판해야 겠구나!" 라고 생각하게 되었고 사이버강의가 모태가 되어 본 저서가 출판된 것입니다.

　본 저서는 사례를 중심으로 그림과 도표 등을 이용해 보상이야기를 풀어내고 있습니다. 운전자 단독사고 시, 쌍방과실 사고 시, 음주운전·무면허운전 사고 시, 뺑소니를 당한 경우 등 운전자라면 삶속에서 누구나 겪을 수 있는 사고에 대해 보상관계를 이야기로 쉽게 설명하고 있습니다.

　이 책을 통해 많은 분들이 교통사고 보상에 있어서 실제적인 도움을 받기를 희망합니다.

　이 책이 완성되기까지 제 인생의 멘토이자 큰 도움을 주신 김광국교수님(전주대학교 금융보험학과)께 진심으로 감사 드립니다. 또한 여러 모양으로 도움을 주신 홍철 회장님(한국손해사정사회), 횡귀연 회장님(한국교통사고조사학회), 박종범 교수님(경찰교육원), 이주한 교수님(경찰대학), 강남석 박사님(공제민원센터), 차동심 대표님(교통사고감정사), 크라운출판사 이상원 회장님과 편집부 직원들에게 감사를 드립니다.

　마지막으로, 항상 기도로 함께 동역해 주는 아내, 사랑하는 아들 현우와 딸 시온에게도 감사와 사랑을 전합니다.

　집필 과정 가운데 함께하신 하나님께 모든 영광을 올려드립니다.

2016년 11월 늦은 밤 사무실에서

손해사정사　백 주 민

▶ 전주대학교 금융보험학과 교수 김광국

드디어 나왔네요! 이렇게 재미있고 쉽게 풀이한 책이 필요하겠다고 생각했었는데 백주민 손해사정사가 드디어 해냈습니다. 10년 넘는 손해사정사업 수행, 보험학석사 및 박사 학위 취득, 한국손해사정사회 사무총장직 수행, 여러 방송사 출연 및 다년간의 대외 강의 등을 거치면서 이제 이론과 실무를 겸비한 명실상부한 자동차보험 전문가가 된 "백주민" 손해사정사! 그가 저술했기 때문에 가능했을 것입니다.

▶ (사)한국교통사고조사학회 회장 황귀연

'자동차 보험의 보상문제'에 관하여 이론과 실무 전문가인 저자의 명쾌한 해설로 자동차운전자 및 교통사고 관련 종사자들에게 최고의 보상가이드가 될 것이라 확신합니다. 강력 추천~~♥

▶ 변호사 한문철

교통사고 피해자들이 보험사로부터 제대로 보상받는 건 쉽지 않습니다. 특히 사망사고나 개호환자(식물인간이나 사지마비 등)은 소송해서 제대로 받을 수 있겠지만 장해가 불투명한 부상사고는 소송하면 배보다 배꼽이 더 클 수도 있습니다. 이와 같이 보상의 사각지대에 있는 피해자들을 위해 백주민 손해사정사가 그림과 도표를 곁들여 쉽고 재미있게 "나도 당할 수 있는 교통사고 보상이야기"를 펴냈기에 많은 교통사고 피해자들의 권리구제에 큰 도움이 될 것으로 기대됩니다.

▶ 경찰교육원 교무과장 총경 이상현

평소 어려운 자동차 사고와 보험처리 문제를 명쾌하게 처리하시는 백주민 손해사정사의 저서 출간을 진심으로 축하합니다. 2015년 경찰교육원 베스트 강사로 선정된 저자의 경험과 노하우가 녹아있는 본 저서는 일반 운전자 뿐만 아니라 관련 업무를 하시는 분들께도 매우 유용한 지침서가 될 수 있을 것으로 생각합니다.

▶ (사)한국손해사정사회 회장 홍철

본 저서를 집필한 백주민 (사)한국손해사정사회 사무총장은 교통사고 분야 최고의 전문가로서 수없이 많은 강의와 현장경험을 통해 오늘날까지 피해자들과 보험소비자들을 위해 한길을 달려 왔습니다.

이 저서는 저자의 학문적 지식과 실무경험을 바탕으로 정확한 정보와 논리적 근거를 담고 있어 교통사고 관련 종사자들에게 중요한 좌표가 될 것입니다.

▶ 경찰교육원 교통학과 교수 박종범

경찰교육원 교통사고 분야 최고의 강사이신 저자는 복잡하고 아리송했던 보상문제를 경찰관들에게 쉽고 재미있게 풀어주는 명사이십니다. 경찰청 사이버강의가 시작된 이후 전국의 약 1만6천명 이상의 경찰관들이 듣고 극찬을 아끼지 않은 저자의 강의를 이젠 책으로 만나보시지요.~~ 강추^^

▶ 경찰대학 경찰학과 교수 이주한

저자는 경찰대학 학생들에게 최고의 인기강사입니다. 어렵고 딱딱한 교통사고 보상관계를 쉽고 재밌게 풀어냄으로서 경찰대학 학생들에게 교통사고에 대한 전문지식을 함양하는데 큰 기여를 하고 계십니다. 강의로만 들을 수 있었던 저자의 명강의를 책으로 출판하게 된 것을 매우 기쁘게 생각합니다.

안녕하세요. 이 책에서 여러분과 함께 '나도 당할 수 있는 교통사고 보상이야기'라는 주제로 재미있고 유익한 이야기를 전해드릴 손해사정사 백주민입니다. 먼저, 독자 여러분들을 만나게 되어 기쁘게 생각합니다.

자동차를 운전하다 보면, 교통사고 발생 시 "보험처리는 어떻게 해야 할까?" "나의 보상은 어떻게 되지?" "가족의 보상은 어떻게 되지?"라며 궁금할 때가 있습니다. 과거에는 단지 "보험회사에 접수하면 알아서 해주겠지?"라고 생각하셨다면 이제 저와 함께 자동차사고 시 '보험처리가 어떻게 되는가?'에 관해 재미있고 유익하게 알아가는 시간이 되길 희망합니다.

아울러, 이 책을 통해 본인 또는 가족, 친척의 교통사고가 발생했을 때 여러분이 우리 가족의 권리를 놓치지 않고 찾을 수 있는 전문가가 되길 희망합니다.

◈ 종합보험 및 책임보험의 구성은 다음과 같습니다.

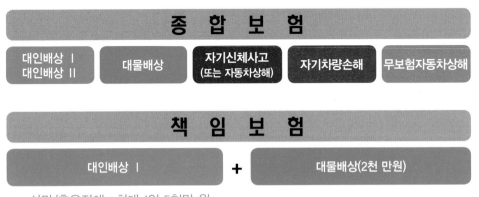

◈ 자동차 보험의 주요보장 내용은 다음과 같습니다.

대인배상 Ⅰ	• 대인사고로 인한 손해배상책임을 보상함
대인배상 Ⅱ	• 대인사고로 인한 손해배상책임을 보상함 • 대인배상 Ⅰ 초과손해를 보상함
대물배상	• 대물사고로 인한 손해배상책임을 보상함
자기신체사고 (또는 자동차상해)	• 피보험자 본인 및 가족의 상해를 보상함
자기차량손해	• 피보험자동차에 생긴 손해를 보상함
무보험자동차상해	• 무보험자동차에 사상된 피보험자의 손해를 보상함

　여러분의 이해를 돕고자 이 책에서는 '대인배상Ⅰ·Ⅱ'를 '대인Ⅰ·Ⅱ', '대물배상'을 '대물', '자기신체사고'는 '자손', '자기차량손해'는 '자차', '무보험자동차상해'는 '무보험자동차상해'라고 약칭으로 간단하게 설명하고자 합니다(혼용하여 사용하도록 하겠습니다).

PART 01

대인배상 I · II, 대물, 자손, 자차 보상이야기

PART 02

정부보장사업, 무보험자동차상해 보상이야기

PART 03

음주운전, 무면허운전 사고 보상이야기

PART 04

정부보장사업, 무보험자동차상해에서 보상하는 자동차 범위

PART 05

이런 사고도 자기신체사고에서 보상이 될까요?

PART 06

이런 사고도 자동차사고일까요?

PART 07

다른 자동차 운전 중 사고 보상이야기

PART 08

일상생활 중 배상책임 사고 보상이야기

PART 01

대인배상Ⅰ·Ⅱ,
대물, 자손, 자차
보상이야기

이제 본격적으로 사례별 보상이야기를 살펴보겠습니다.

① A가 가족을 태우고 운전 중 단독사고가 발생한 경우의 보상이야기(종합보험)
② A가 가족을 태우고 운전 중 단독사고가 발생한 경우의 보상이야기(책임보험)
③ A가 중앙선 침범으로 인한 100% 과실일 때의 보상이야기
④ 교차로에서 쌍방과실 사고가 발생했을 때의 보상이야기
⑤ A가 자녀를 뒤에 태우고 오토바이를 운전 중 단독사고가 발생한 경우의 보상이야기
⑥ 장성한 아들이 아버지를 태우고 아버지 명의의 오토바이를 운전하던 중 단독사고가 발생한 경우의
　보상이야기

본격적인 이야기에 앞서 퀴즈 하나 내겠습니다.

O/X QUIZ 다음 중 자동차손해배상보장법(이하 '자배법'이라 함)에서 타인에 대한 설명은?

① 운전자(=소유자) 본인은 법률상 타인이 될 수 있다.　　　- (　　)
② 운전자(=소유자)의 배우자는 법률상 타인이 될 수 있다.　　　- (　　)

정답 X / O

해설 자배법에서는 운행자, 운전자, 운전 보조자를 제외한 모든 자는 타인에 해당함(이때, 차량 명의자는 운행자에 포함됨).

피해자가 자배법상 타인에 해당하는지 않는지는 자동차 보험을 이해하는 데 매우 중요합니다. 만약 피해자가 자배법상 타인에 해당되면 자동차보험 대인배상에서 보상이 이루어지며, 타인에 해당되지 않는다면 대인배상에서 보상되지 않기 때문입니다. 자배법상 '타인'의 범위를 쉽게 설명하면, '운전자와 차량소유자(명의자)를 제외한 모든 자'로 이해하시면 대부분 맞는 이야기입니다.

결론적으로, 운전자(차량명의자)의 배우자, 자녀, 부모의 경우에도 타인은 자배법상에 해당할 수 있다는 말입니다.

• • • • • • • • • • •
자동차손해배상 보장법

Q : 타인이란?

A : 운행자, 운전자, 운전보조자를 제외한 모든자
(차량명의자는 운행자에 포함됨)

통상 운전자와 차량소유자(명의자)를 제외한 모든 자

Chapter 1

A가 가족을 태우고 운전 중 단독사고가 발생한 경우 보상이야기

종합보험

운전자 A의 보상 · A의 배우자 보상 · A의 부모 보상 · A의 자녀 보상 · 가로수 보상 · A의 차량 보상

종합보험

첫 번째 사례는 운전자(소유자)A가 가족과 함께 A의 차량을 이용하여 운전하던 중 눈길 또는 빗길에 미끄러져 가로수를 충격한 단독사고(종합보험 가입)입니다.

이런 경우의 보상은 어떻게 될까요?

① 운전자 A의 보상은?
② A의 배우자 보상은?
③ A의 자녀와 부모의 보상은?
④ 가로수의 보상은?
⑤ A의 차량 보상은 어떻게 될까요?

① 운전자 A는 어떻게 될까요?

운전자(소유자) A는 불법행위 당사자로 자배법상 타인에 해당하지 않기 때문에 대인배상 I · II 에서 보상되지 않습니다.

그럼 어디서 보상이 될까요?
여러분들이 잘 알고 있듯이 **자손**에서 보상이 이루어집니다.

만약, 자손을 초과하는 치료비가 발생한다면 어떻게 치료를 받을 수 있을까요? 교통사고라 하더라도 **"국민건강보험"**으로 치료를 받을 수 있습니다.

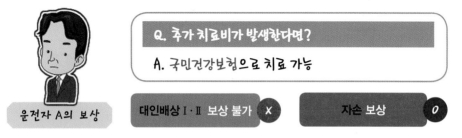

② A의 배우자 보상은 어떻게 될까요?

먼저, A의 배우자는 A가 가입한 자동차 보험에서 볼 때, 타인일까요? 아닐까요? 앞에서 퀴즈로 알아본 것처럼 타인에 해당됩니다.

그래서 배우자는 자배법상 타인에 해당되기 때문에 **대인배상 I**에서 보상이 가능합니다. 다만, 대인배상 II는 **가족면책규정**에 의해 보상받지 못합니다.

> **TIP** '가족면책규정'이라 함은 A(소유자)를 중심으로 부모, 배우자, 자녀에 해당하는 사람에 대해서는 대인배상 II에서 면책한다는 규정입니다.

│ 가족면책규정

피보험자 또는 그 부모, 배우자, 자녀가 죽거나 다친 경우에는 대인배상II에서 면책하는 규정

그럼, A의 배우자는 대인배상I에서 보상받은 것으로 보상이 끝일까요?

그렇지 않습니다. 대인배상I에서 보상이 이루어지고도 부족한 손해가 있거나 **과실만큼 못 받은 손해**가 있다면 실제 손액 안에서 **자손 보험금**을 추가로 청구할 수 있습니다.

대인배상의 경우 탑승자의 탑승경위와 운행목적에 따라 호의동승감액(과실)을 적용하는데 A의 배우자의 **호의동승감액 30%**를 가정한다면, 결론적으로 A의 배우자 보상은 **대인배상I 70%, 자손 30%**를 청구할 수 있습니다.[1]

A의 배우자 보상

대인배상I 70% 보상   O

대인배상II 보상 불가   X   자손 30% 보상   O

③ A의 자녀와 부모는 어떻게 될까요?

A의 자녀와 부모의 경우에도 **A의 배우자는 동일하게** 자배법상 타인에 해당되기 때문에 **대인배상I**에서 보상이 가능합니다. 다만, 대인배상II는 앞에서 배운 것처럼 **가족면책규정**에 의해 보상받지 못합니다.

결론적으로, A의 자녀와 부모의 보상은 A의 배우자와 동일하게 **호의동승감액 30%**를 가정한다면 **대인배상I 70%, 자손 30%**를 청구할 수 있습니다.

A의 자녀 보상   A의 부모 보상

대인배상I 70% 보상   O

대인배상II 보상 불가   X

자손 30% 보상   O

---

1) A의 배우자 경우 자손으로 보험금을 청구할 경우 부상의 경우 치료비만을 받을 수 있지만, 별도의 합의금은 받을 수 없다. 그러나 대인 배상I과 자손으로 청구할 경우 법률상손해배상금(위자료, 휴업손해액, 상실수익액, 향후치료비 등)을 받을 수 있다.

4 가로수 보상은 어떻게 될까요?

A가 가입한 종합보험 **대물**에서 보상이 이루어집니다.

가로수 보상

대물배상 보상 　O

5 A의 차량 보상은 어떻게 될까요?

A가 가입한 종합보험 **자차**에서 보상이 이루어집니다.

A의 차량 보상

자차보험 보상 　O

6 A의 배우자 명의 차량을 A가 운전 중 사고가 났다면, A의 배우자 보상은 어떻게 될까요?

이 경우에 A의 배우자는 자배법상 운행자의 지위에 있기 때문에 타인이 될 수 없습니다.

> **Q. 만약, A씨 배우자 명의의 차라면?**
>
> **A.** 아내는 자배법상 운행자의 위치에 있기 때문에 타인이 될 수 없음

대인배상 I 보상 불가 　X   대인배상 II 보상 불가 　X   자손 보상 　O

다시 한 번 자배법상 타인의 범위를 쉽게 설명하면, **운전자와 차량소유자(명의자)를 제외한 모든 자**로 이해하시면 될 것 같습니다.

따라서 이 경우에 A의 배우자는 자배법상 타인이 될 수 없으므로 대인배상 I 에서는 보상되지 않습니다. 오직 **자손**에서만 보상이 이루어집니다.

자동차손해배상 보장법

Q : 타인이란?

A : 운행자, 운전자, 운전보조자를 제외한 모든자 (차량명의자는 운행자에 포함됨)

통상 운전자와 차량소유자(명의자)를 제외한 모든 자

CLICK A가 가족을 태우고 운전 중 단독사고가 발생한 경우 보상이야기(종합보험가입)

A 보험회사

	대인 I	대인 II	대물	자손	자차
운전자 A				보상	
A의 배우자	70%*			30%	
A의 부모, 자녀	70%*			30%	
가로수			보상		
A 차량					보상

* 호의동승감액(과실) 30% 가정함

Chapter 2

A가 가족을 태우고 운전 중 단독사고가 발생한 경우 보상이야기

책임보험

운전자 A의 보상   A의 배우자 보상   A의 부모 보상   A의 자녀 보상   가로수 보상   A의 차량 보상

• 대인배상 I
• 대물배상 : 2천만 원 한도

책임보험

두 번째 사례는 첫 번째 사례와 동일한 사고 내용입니다.

다만, 운전자 A의 차량이 종합보험이 아닌 책임보험만 가입했을 경우입니다. 책임보험이라 함은 대인배상 I, 대물배상(2천만 원)만 가입한 경우입니다.[1]

이런 경우의 보상은 어떻게 될까요?

① 운전자 A의 보상은?
② A의 배우자 보상은?
③ A의 자녀와 부모의 보상은?
④ 가로수의 보상은?
⑤ A의 차량 보상은 어떻게 될까요?

---

1) 2016년 4월 1일 이후 사고 분부터 책임보험 보상한도가 대인 I 의 경우 사망 · 후유장해 1억 5천만 원, 부상 3천만 원으로, 대물의 경우 2천만 원으로 인상됨

① 운전자 A의 보상은 어떻게 될까요?

첫 번째 사례의 경우에서는 종합보험에 가입되어 있으므로 자손으로 청구할 수 있었으나 두번째 사례에서는 책임보험만 가입되어 있으므로 자손보험에서 보상 받을 수 없습니다.

그럼, 운전자 A는 대인배상 I 에서 보상될 수 있을까요? 당연히 보상되지 않습니다.

가끔 강의를 하다 보면, 책임보험 즉 대인배상I에서 운전자 A가 보상받을 수 있는지를 물어오곤 합니다. 대인배상은 피해자 즉 타인만 보상되기 때문에 운전자 본인은 불법행위 당사자로 스스로가 피해자가 될 수 없으므로 대인배상I에서는 보상되지 않습니다.

운전자(소유자)
A의 보상

대인배상 I 보상 불가 X

자손 보상 불가 (미가입) X

다만, 국민건강보험으로 치료비는 받을 수 있습니다. 대게는 교통사고라고 하면 국민건강보험이 안된다고 인식을 하고 계시는 분들이 많습니다. 그러나 그렇지 않습니다. 가해자의 책임이 유한인 경우나 운전자 본인의 100% 과실로 보상을 받지 못하는 교통사고에 대해서는 **국민건강보험**에서도 치료비는 보험처리가 가능합니다.

> **Q. 보상을 받을 수 없는 건가요?**
>
> **A.** 국민건강보험으로 치료 가능

❷ A의 배우자 보상은 어떻게 될까요?

A의 배우자는 자배법상 타인이 될 수가 있다고 앞서 말씀드린 바 있습니다. 그래서 A의 배우자는 대인배상Ⅰ에서 보상받을 수 있으며, 호의동승감액 30%를 가정한다면 **대인배상Ⅰ에서 70%**만큼 보상이 이루어집니다. 다만, 자손은 미가입 상태이기 때문에 보상되지 않습니다.

| A의 배우자 보상 | 대인배상Ⅰ 70% 보상 **O** | 자손 보상 불가 (미가입) **X** |

대인배상Ⅰ에서 보상받고도 치료비가 부족하다면 어떻게 해야 할까요?
이 경우에도 A의 배우자는 **국민건강보험**으로 치료비를 받을 수 있습니다.

> **Q. 치료비가 부족할 경우는?**
> **A.** 국민건강보험으로 치료 가능

❸ A의 자녀와 부모는 어떻게 될까요?

A의 자녀와 부모의 경우에도 **A의 배우자와 동일하게 자배법상 타인이 해당되기 때문에** 대인배상Ⅰ에서 보상을 받을 수 있으며, 호의동승감액 30%를 가정한다면 **대인배상Ⅰ에서 70%**만큼 보상이 이루어집니다. **또한** 부족한 치료비가 발생할 경우 **국민건강보험**으로 보상받을 수 있습니다.

| A의 자녀 보상 | 대인배상Ⅰ 70% 보상 **O**
자손 보상 불가 (미가입) **X** | A의 부모 보상 |

> **Q. 치료비가 부족할 경우는?**
> **A.** 국민건강보험으로 치료 가능

❹ 가로수 보상은 어떻게 될까요?

A가 가입한 책임보험 **대물에서 2천만 원까지** 보상이 이루어지며, 2천만 원을 초과하는 손해가 발생할 경우 A가 직접 보상을 해야 합니다.

가로수 보상

대물배상 보상
(2천만 원 한도내에서)   0

❺ A의 차량 보상은 어떻게 될까요?

A 차량에 대해서는 자차보험에 가입하지 않았으므로 **본인 부담**으로 처리해야 합니다.

A의 차량 보상

자차보험 보상 불가 (미가입)   0

CLICK A가 가족을 태우고 운전 중 단독사고가 발생한 경우 보상이야기
(책임보험만 가입, 대인배상Ⅰ, 대물 2천만 원으로 구성)

A 보험회사

	대인 I	대물 2천만 원	국민건강보험
운전자 A			치료비 보상
A의 배우자	70%*		치료비 보상
A의 부모, 자녀	70%*		치료비 보상
가로수		보상(2천만 원 까지)	
A 차량			

* 호의동승감액(과실) 30% 가정함

A가 중앙선 침범으로 인한 100% 과실일 때의 보상이야기

종합보험

세 번째 사례는 A가 가족과 함께 운전하다가 중앙선을 넘어서 마주 오던 상대방 차량과 사고가 발생한 경우입니다(종합보험가입). 이 경우 A가 100% 과실일 때, 보상관계는 어떻게 될까요?

이런 경우의 보상은 어떻게 될까요?

① 운전자 B의 보상은?
② B의 차량 보상은?
③ 운전자 A의 보상은?
④ A의 배우자 보상은?
⑤ A의 차량 보상은 어떻게 될까요?

① 운전자 B의 보상은 어떻게 될까요?

A가 가입한 자동차 보험에서 볼 때, B 차량 운전자는 자배법상 피해자 즉, 타인에 해당하기 때문에 A 차량 종합보험 *대인배상I・II에서 100% 보상*이 이루어집니다.

소유자
운전자 B의 보상

A의 보험회사

대인배상 I・II 100% 보상 **O**

② B의 차량 보상은 어떻게 될까요?

A가 가입한 자동차 보험에서 볼 때, 자배법상 타인의 물건에 해당하기 때문에 A 차량 종합보험 *대물배상에서 100% 보상*이 이루어집니다.

B의 차량 보상

A의 보험회사

대물배상 100% 보상 **O**

③ 운전자 A의 보상은 어떻게 될까요?

운전자(소유자) A는 A가 가입한 자동차 보험에서 볼 때 불법행위 당사자로 자배법상 타인에 해당하지 않기 때문에 대인배상 I・II에서 보상되지 않습니다.

다만, A는 100% 본인 과실이기 때문에 A가 가입한 *자손*에서 보상이 이루어집니다.

소유자
운전자 A의 보상

대인배상 I・II 보상 불가 **X**

자손 보상 **O**

4 **A의 배우자 보상은 어떻게 될까요?**

A의 배우자는 A가 가입한 자동차 보험에서 볼 때, 타인에 해당되기 때문에 **대인배상 I**에서 보상 받을 수 있습니다.

그럼, 대인배상II는 보상이 될까요? 안 될까요?

앞서 말씀드린 것처럼 대인배상II는 **가족면책규정에 따라서 면책**됩니다.

결론적으로, A의 배우자는 **대인배상 I**에서 보상받을 수 있으며, 부족한 손해가 있거나 과실만큼 못 받은 손해가 있다면 실제 손해액 안에서 **자손** 보험금을 청구할 수 있습니다.

대인배상의 경우 탑승자의 탑승경위와 운행목적에 따라 호의동승감액(과실)을 적용하는데, A의 배우자의 **호의동승감액 30%**를 가정한다면, 결론적으로 A의 배우자 보상은 **대인배상 I 70%, 자손 30%**를 청구할 수 있습니다.[1]

가족면책규정

피보험자 또는 그 부모, 배우자, 자녀가 죽거나 다친 경우에는 대인배상II에서 면책하는 규정

---

1) A의 배우자 경우 자손으로 보험금을 청구할 경우 부상의 경우 치료비만을 받을 수 있지만, 별도의 합의금은 받을 수 없다. 그러나 대인배상 I 과 자손으로 청구할 경우 법률상손해배상금(위자료, 휴업손해액, 상실수익액, 향후치료비 등)을 받을 수 있다.

⑤ A의 차량 보상은 어떻게 될까요?

A 차량에 대해서는 A가 가입한 종합보험 중 **자차**보험에서 보상이 가능합니다.

A의 차량 보상

자차보험 보상   ○

CLICK A가 중앙선 침범으로 인한 100% 과실일 때의 보상이야기(종합보험가입)

A 보험회사

	대인Ⅰ	대인Ⅱ	대물	자손	자차
B 운전자	100%				
B의 차량			100%		
A 운전자				보상	
A의 배우자	70%*			30%	
A의 차량					보상

* 호의동승감액(과실) 30% 가정함

Chapter 4

교차로에서 쌍방과실 사고가 발생했을 때의 보상이야기

종합보험

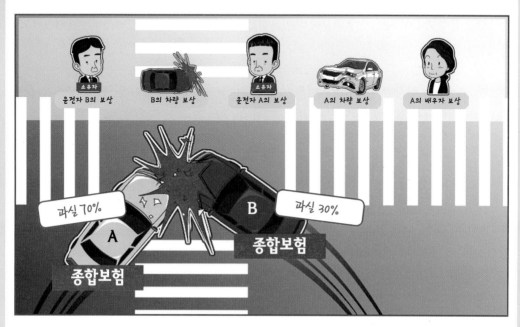

우리는 앞서 ① A가 가족을 태우고 운전 중 단독사고가 발생한 경우 보상이야기(종합보험), ② A가 가족을 태우고 운전 중 단독사고가 발생한 경우 보상이야기(책임보험), ③ A가 중앙선 침범으로 인한 100% 과실일 때의 보상이야기를 사례를 통해 살펴보았습니다.

여기까지는 많은 분이 '쉽다'고 이해하실 것 같습니다.

그럼 네 번째 사례로 쌍방과실에 대해 알아보겠습니다. 다소 어렵겠지만 재미있게 한번 보상을 이야기해 보겠습니다.

A가 A 가족과 함께 본인 명의의 차를 이용하여 운전하던 중에 교차로에서 상대방 차량과 쌍방과실로 사고가 발생했을 때 보상관계는 어떻게 될까요? 이때 A의 차량 과실은 70%, B의 차량 과실은 30%이며, A, B 모두 종합보험에 가입한 상태입니다.

이런 경우의 보상은 어떻게 될까요?

① 운전자B의 보상은?　　　　④ A의 배우자 보상은?
② B의 차량 보상은?　　　　　⑤ A의 차량 보상은?
③ 운전자A의 보상은?

❶ B 차량 운전자의 보상은 어떻게 될까요?

B 차량 운전자는 A 차량 보험회사에서 볼 때 피해자, 즉 타인에 해당하기 때문에 A 차량 보험에서 *대인배상Ⅰ·Ⅱ*로 보상이 이루어집니다.

이때 B 차량 과실이 30%이기 때문에 본인과실을 공제하고 A 차량 *대인배상Ⅰ·Ⅱ에서 70%*만큼 보상받을 수 있습니다.

그럼, 여기에서 보상이 끝일까요? 그렇지 않죠. B 차량 운전자는 본인이 가입한 자동차 보험 중에 *자손보험에서 부족한 30%*의 보상을 청구할 수 있는 겁니다.

A의 보험회사	운전자 B의 보상	B의 보험회사
대인배상Ⅰ·Ⅱ 70% 보상	소유자	자손 30% 보상

❷ B의 차량 보상은 어떻게 될까요?

다음으로 B의 차량 보상은 A가 가입한 *대물보험에서 70%*의 보상이 이루어집니다. 그리고 나서 B 차량이 가입한 *자차보험에서 30%*의 보상(자기부담금 공제) 이 이루어집니다.

A의 보험회사	B의 차량 보상	B의 보험회사
대물배상 70% 보상		자차 30% 보상

◆ 자기부담금 예시

– 물적사고 할증기준 금액 200만 원, 자기차량손해액의 20% 가입의 경우

(한도 : 최소 20만 원, 최대 50만 원)

사 고 사 례	최저 자기부담금
손해액이 500만 원 (손해액의 20%는 100만 원)	50만 원
손해액이 150만 원 (손해액의 20%는 30만 원)	30만 원
손해액이 50만 원 (손해액의 20%는 10만 원)	20만 원

상한 50만 원

하한 20만 원

자기부담금

---

③ 운전자 A의 보상은 어떻게 될까요?

A는 B 차량 보험회사에서 볼 때, 피해자, 즉 타인에 해당하겠죠? 그래서 B 차량 보험회사, **대인배상Ⅰ·Ⅱ**에서 A의 과실 70%를 공제한 **30%** 만큼의 보상을 받을 수 있습니다.

소유자
운전자 A의 보상

B의 보험회사
대인배상 Ⅰ·Ⅱ
30% 보상

그렇다면 부족한 70%의 보상은 어떻게 될까요?

이때 A가 가입한 **자손보험에서 70%**에 해당하는 보상받을 수 있습니다.

다만, 자손보험금의 경우 실제손해액 안에서 보상이 이루어지고 자손보험금 한도가 초과했다면 그 한도 내에서만 보상이 이루어지는 것입니다.

· 실제 손해액 내에서 보상
· 자손보험금의 한도 내에서 보상

Q. 못 받은 70%의 보상은?

A. A의 보험회사 자손에서 **보상 받을 수 있음**

결론적으로, A의 보상은 B 보험회사 **대인배상I·II 30%**와 A 보험회사 **자손 70%**로 보상받을 수 있습니다.

④ A의 배우자 보상은 어떻게 될까요?

먼저, A의 배우자 과실은 몇 %일까요? 헷갈리시죠?

A의 배우자 과실은 **피해자 측 과실**에 따라 남편의 과실과 같이 **70%**를 동일하게 적용합니다. 조금은 당황스럽고 이해가 안 된다고 하실 분이 계실 것 같습니다.

Q. A의 배우자 과실은 몇 %일까요?

A. A와 동일하게 70%가 적용됨

남편인 A가 70%의 과실이기 때문에 탑승한 배우자도 70%의 과실을 그대로 따라가는 것입니다.

피해자 측 과실

남편 A가 70% 과실일 경우, A의 배우자도 70% 과실이 적용됨

> **TIP** 피해자 측 과실이란 가족관계에 있는 자가 과실이 있을 때에는 탑승한 가족도 동일하게 과실을 적용하는 것입니다.
>
> | 피해자 측 과실
>
> '가족관계에 있는 자'가 과실이 있을 경우 탑승한 가족도 동일하게 과실을 적용하는 것

다시 보상으로 돌아와서 A의 배우자 보상은?

A의 배우자는 B 차량 보험회사에서 볼때 피해자, 즉 타인에 해당하기 때문에 B 차량 보험에서 대면배상Ⅰ·Ⅱ에서 보상이 이루어집니다. 이때, A의 배우자 과실이 70%이기 때문에 본인의 과실 70%를 공제한 **30%만큼** B 차량 **대인배상Ⅰ·Ⅱ**에서 보상 받을 수 있으며, **부족한 70%**의 보상은 A 차량 보험회사 **대인배상Ⅰ**과 **자손보험**에서 보상이 이루어집니다.

이 경우에도, 자손보험금의 경우 실제 손해액 안에서 보상이 이루어지고 자손보험금 보상한도 가 초과했다면 그 한도 내에서만 보상이 이루어지는 것입니다.

❺ A의 차량 보상은 어떻게 될까요?

마지막으로 A의 차량 보상은 B가 가입한 **대물보험에서 30%**의 보상이 이루어집니다. 그리고 나서 A 차량이 가입한 **자차보험에서 70%**의 보상(자기부담금 공제)이 이루어집니다

A의 보험회사	A의 차량 보상	B의 보험회사
자차 70% 보상		대물 30% 보상

◆ 자기부담금 예시
- 물적사고 할증기준 금액 200만 원, 자기차량손해액의 20% 가입의 경우
  (한도 : 최소 20만 원, 최대 50만 원)

사 고 사 례	최저 자기부담금
손해액이 500만 원 (손해액의 20%는 100만 원)	50만 원
손해액이 150만 원 (손해액의 20%는 30만 원)	30만 원
손해액이 50만 원 (손해액의 20%는 10만 원)	20만 원

상한 50만 원 ┐
                  ├ 자기부담금
하한 20만 원 ┘

CLICK 교차로에서 쌍방과실이 발생했을 때의 보상이야기
(A의 차량 70%, B의 차량 30%, A·B 종합보험가입)

A 보험회사

	대인 I	대인 II	대물	자손	자차
B 운전자	70%				
B의 차량			70%		
A 운전자				70%	
A의 배우자	70%*			70%*	
A의 차량					70%

B 보험회사

	대인 I	대인 II	대물	자손	자차
B 운전자				30%	
B의 차량					30%
A 운전자	30%				
A의 배우자	30%				
A의 차량			30%		

* A의 배우자의 경우 B의 보험회사에서 피해자 측 과실에 따라 70% 과실을 적용하지만 A의 보험회사에서는 호의동승감액을 적용함. 이에 대인 I, 자손에서 70%만큼 보상이 이루어짐

Chapter 5

A가 자녀를 태우고 오토바이를 운전 중 단독사고가 발생한 경우 보상이야기

책임보험

다섯 번째 사례를 살펴보겠습니다. A가 자녀를 태우고 본인 명의의 오토바이를 운전하여 자녀를 등교시키던 중에 단독사고가 발생했다면, 이때 보상은 어떻게 될까요?

오토바이가 책임보험만 가입한 경우를 생각해 보겠습니다. 여기에서 책임보험은 대인배상 I 과 대물배상(2천만 원)으로 구성되어 있습니다.[1]

이런 경우의 보상은 어떻게 될까요?

① 오토바이를 운전한 A의 보상은?
② 오토바이 뒤에 탑승한 A의 자녀 보상은?
③ 오토바이의 보상은?

---

1) 2016년 4월 1일 이후 사고 분부터 책임보험 보상한도가 대인 I 의 경우 사망·후유장해 1억 5천만 원, 부상 3천만 원으로, 대물의 경우 2천만 원으로 인상됨.

① 오토바이를 운전한 A의 보상은 어떻게 될까요?

실무에서 상담하다 보면, 이럴 때 많은 분이 다음과 같은 질문을 많이 하십니다.

"책임보험만 가입했으니 운전자 A가 가입한 대인배상Ⅰ에서 A의 치료비는 보상되는 거 아 닙니까?"

다시 한 번 같이 생각해 볼까요? 오토바이를 운전한 A는 A보험회사에서 바라볼 때, 피해자 즉, 자배법상 타인이 될 수 있을까요? 만약에 타인이 될 수 있다면 대인배상Ⅰ에서 보상이 되 고 타인이 될 수 없다면 대인배상Ⅰ에서 보상이 이루어지지 않을 것입니다.

앞서 계속 배운 것처럼 이 경우에는 운전한 A 본인은 불법행위 당사자로 타인이 될 수 없으 므로 대인배상Ⅰ에서는 보상되지 않습니다. 다만, 이럴 때에도 **국민건강보험**에서 치료는 받을 수 있습니다.

운전자 A의 보상   대인배상Ⅰ 보상 불가   X

국민건강보험으로 치료 가능

Q. A는 자배법상 타인이 될 수 있는가?
A. 타인이 될 수 없음

TIP 다시 한 번 자배법상 타인의 범위를 살펴보면, 운행자, 운전자, 운전보조자를 제외한 모든 자는 타인에 해당합니다. 타인의 범위를 쉽게 설명하면, 운전자와 차량소유자(명의자)를 제외한 모든 자로 이해하시면 대부분 맞는 얘기입니다.

· · · · · · · · · · ·
자동차손해배상 보장법

Q : 타인이란?

A : 운행자, 운전자, 운전보조자를
제외한 모든자
(차량명의자는 운행자에 포함됨)

➡ **통상** 운전자와 차량소유자(명의자)를 제외한 모든 자

---

② A의 자녀 보상은 어떻게 될까요?

비록 아버지가 운전하였지만, A보험회사에서 바라볼 때, 자배법상 자녀는 타인에 해당하기 때문에 **대인배상** I 에서 보상받을 수 있습니다.

호의동승감액 30%를 가정한다면, 대인배상 I 70%만큼 보상이 가능합니다. 또한, 대인배상 I 에서 보상받고도 치료비가 부족한 경우는 **국민건강보험**으로 치료를 추가적으로 받을 수 있습니다.

호의동승감액 30%

A의 자녀 보상 | 대인배상 I 70% 보상 O

치료비가 부족한 경우, 국민건강보험으로
치료를 추가적으로 받을 수 있음

③ A의 오토바이 보상은 어떻게 될까요?

분명히 책임 보험에는 대물 2천만 원이 가입되어 있기 때문에 순간 착각하면 대물에서 보상받을 수 있는 것이 아닌가? 하고 오판할 수도 있습니다.

이 경우에도 A의 오토바이는 A 운전자의 것으로 타인의 오토바이가 될 수 없으므로 대물배상에서 보상이 이루어지지 않습니다. 자차가 가입되어 있다면 자차에서 보상을 받을 수 있겠으나 자차가 가입되어 있지 않은 경우이기 때문에 오토바이는 보상받을 수 없고 **본인이 부담**하여야 합니다.

A의 오토바이

대물배상 **보상 불가**
(본인부담)   ✕

CLICK

A가 자녀를 태우고 오토바이를 운전 중 단독사고가 발생한 경우 보상이야기
(책임보험만 가입, 대인배상Ⅰ, 대물 2천만 원으로 구성)

A 보험회사

	대인Ⅰ	대물 (2천만 원)	국민건강보험
A 운전자	면책		치료비 보상
A의 자녀	70%*		치료비 보상
A의 오토바이		면책	

* 호의동승감액(과실) 30% 가정함

장성한 아들이 아버지를 태우고 아버지 명의의 오토바이를 운전하던 중 단독사고가 발생한 경우 보상이야기

책임보험

이번에는 장성한 아들이 아버지를 태우고 아버지 명의의 오토바이를 운전하던 중 사고가 발생한 경우에 보상은 어떻게 될까요?

조금 헷갈릴 수도 있겠는데요. 하나하나 살펴보겠습니다.

이런 경우의 보상은 어떻게 될까요?

① 운전한 아들은 대인배상Ⅰ에서 보상받을 수 있을까요?
② 뒤에 탑승한 아버지는 어떻게 될까요?

① 운전한 아들은 대인배상Ⅰ에서 보상을 받을 수 있을까요?

운전한 아들이 대인배상Ⅰ에서 보상받기 위해서는 자배법상 타인의 위치에 있어야 하는데, 운전한 아들은 불법행위 당사자로 타인이 될 수 없으므로 대인배상Ⅰ에서 보상이 되지 않습니다.

운전한 아들 보상

대인배상Ⅰ 보상 불가
(자배법상 타인이 될 수 없음) Ⅹ

② 뒤에 탑승한 아버지는 어떻게 될까요?

뒤에 탑승한 아버지는 대인배상Ⅰ에서 보상을 받을 수 있을까요?

아버지의 경우에도 오토바이 명의자, 즉 소유자이기 때문에 자배법상 타인이 될 수 없으므로 대인배상Ⅰ에서 보상받을 수 없습니다.[1]

결국, 이런 경우에는 운전한 아들이나 오토바이의 소유자인 아버지나 대인배상Ⅰ에서 모두 보상을 받을 수 없습니다.

아버지의 보상

대인배상Ⅰ 보상 불가
(자배법상 타인이 될 수 없음) Ⅹ

---

1) 소유자라고 하더라도 피해자이므로 대인배상Ⅰ에서 타인으로 보호받아야 한다는 의견도 있으나, 보험실무에서는 대인배상Ⅰ에서 보상하지 않고 있습니다.

다만, 아버지와 아들 모두 **국민건강보험**으로 치료를 받을 수 있습니다.

아버지와 아들 모두,
국민건강보험으로 치료 가능

CLICK 장성한 아들이 아버지를 태우고 아버지 명의의 오토바이를 운전하던 중
단독사고가 발생한 경우 보상이야기
(책임보험만 가입, 대인배상 I, 대물 2천만 원으로 구성)

A 보험회사

	대인 I	대물 (2천만 원)	국민건강보험
A 운전자	면책		치료비 보상
A의 자녀	면책		치료비 보상
A의 오토바이		면책	

우리는 제1장 대인배상 I·Ⅱ, 대물, 자손, 자차 보상이야기를 통해 여섯 가지 사례의 보상관계를 알아보았습니다.

Chapter 1 A가 가족을 태우고 운전 중 단독사고가 발생한 경우 보상이야기(종합보험)

Chapter 2 A가 가족을 태우고 운전 중 단독사고가 발생한 경우 보상이야기(책임보험)

Chapter 3 A가 중앙선 침범으로 인한 100% 과실일 때의 보상이야기(종합보험)

Chapter 4 교차로에서 쌍방과실 사고가 발생했을 때의 보상이야기(종합보험)

Chapter 5 A가 자녀를 태우고 오토바이를 운전 중 단독사고가 발생한 경우 보상이야기 (책임보험)

Chapter 6 장성한 아들이 아버지를 태우고 아버지 명의의 오토바이를 운전하던 중 단독 사고가 발생한 경우 보상이야기(책임보험)

충분히 독자분들이 이미 알고 있는 내용이라 생각되지만,
조금 애매했다면 명확히 알아가는 시간이었을 거라 기대해 봅니다.

본인 명의의 차량을 이용해서 배우자를 태우고 서울에 있는
자녀 집으로 올라가던 중 빗길에 미끄러져서 단독사고 발생!!
본인은 가벼운 부상을 입었지만 배우자는
중환자실에 입원하여 치료비 걱정이 컸던 사건!!

사례

2009년도 9월경 발생했던 실제 사례를 함께 살펴볼까요?

A씨는 본인 명의의 차를 타고, 부인과 함께 서울에 있는 자녀 집으로 올라가고 있었습니다. 유달리 비가 많이 내려 걱정하던 찰나에 결국, 빗길에 미끄러져 단독사고가 발생하게 되었습니다. 이때문에 본인은 가벼운 상처를 입었지만, 부인은 중상으로 머리를 심하게 다치게 되었는데요. 그렇다면 이때 A씨와 그 부인의 보상은 어떻게 이루어질까요?

필자가 2007년도 11월에 발생했던 태안기름유출사고 손해사정에 참여한 바가 있습니다. 그때 안면도 지역 일부를 담당했던 C 위원장(피해대책위원회)이 서울로 올라오던 중에 발생한 실제 사례 이야기입니다. C 위원장이 본인 명의의 차량을 이용해서 아내와 함께 서울 자녀 집으로 올라가던 중 빗길에 미끄러져서 발생한 단독사고입니다. 이 사고로 위원장은 가벼운 상처를 입어 다행이었지만, 아내는 머리를 많이 다쳐서 중환자실에 입원해야 했고 치료비 부담 또한 걱정이 컸던 사건이었습니다.

위원장은 본인이 운전자이고 본인이 차량 소유자이므로 타인이 될 수 없기에 대인배상 I · II 에 해당하지 않고 자손으로만 치료비를 받고 종결하였습니다.

• 대인배상 I · II에 해당되지 않음
• 자손으로 치료비를 받고 종결함

문제는 그의 아내였는데요.

처음에는 당연히 자손으로만 보상처리가 되는 줄 알고 자손으로만 접수하여 치료를 받던 중에 치료비가 늘어감에 따라 치료비 걱정이 많았던 사건이었습니다.

필자가 본 사건을 상담하고 나서 A의 배우자는 운전을 하지도 않았고 차량 소유자도 아니므로 자배법상 피해자, 즉 타인에 해당함을 주장하여 대인배상 I 으로 보상을 청구할 수 있었습니다.

• 처음에는 자손으로만 접수를 한 사건
• 차후에 대인배상 I 으로 보험을 접수하게 됨

→ 대인배상 I 에서 보상받고 부족분을 자손으로 추가 청구한 사례

대인배상Ⅱ는 어떻게 될까요?

독자 여러분들도 이미 배워 아시다시피, 대인배상Ⅱ의 경우에는 가족면책규정에 따라서 보상되지 않습니다. 그래서 대인배상Ⅰ에서 보상받고 부족했던 만큼 자손으로 추가 청구하였습니다.

가족과 차량에 탑승할 때에는 보통 호의동승감액을 적용하게 되는데요. 이때 그의 아내의 호의동승감액 비율 30%를 적용하여 손해배상금을 산정하였습니다.

> 가족과 함께 운전할 때에는 호의동승감액(과실)을 적용함

치료가 종결된 후에 실제 손해액은 약 4,000만 원 정도였으며, 대인배상Ⅰ에서 2,800만 원, 자손에서 1,200만 원을 추가로 청구하여 실제 손해액 전액을 보상받을 수 있었습니다.

A의 배우자의 보상은?

실제 손해액 | 4,000만 원

- 대인배상Ⅰ에서 2,800만 원 보상
- 자손에서 1,200만 원 보상

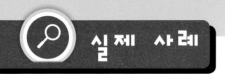

만약에, 자손에서만 보상이 되는 줄 알았더라면, 추가적인 치료비, 위자료나 휴업 손해액 등 손해배상금 전액을 보상받지 못했을 텐데!!!

자배법상 피해자, 즉 타인이 된다는 사실을 알고 대인배상Ⅰ에 보상을 청구할 수 있었으며, 자손보험금으로 부족한 손해배상금을 추가로 보상받게 되어서 치료비 뿐만 아니라 위자료, 휴업손해액, 상실수익액 등 실제 손해액 전액을 보상받았던 불행 중 다행인 사건이었습니다.

자손에서만 보상이 되는 줄 알았더라면.

추가적인 위자료나
휴업손해액을 못 받았을 것

| 치료비 | 위자료 | 휴업 손해액 | 상실 수익액 |

실제손해액 전액을 보상받음

[자동차보험 보상 흐름도]

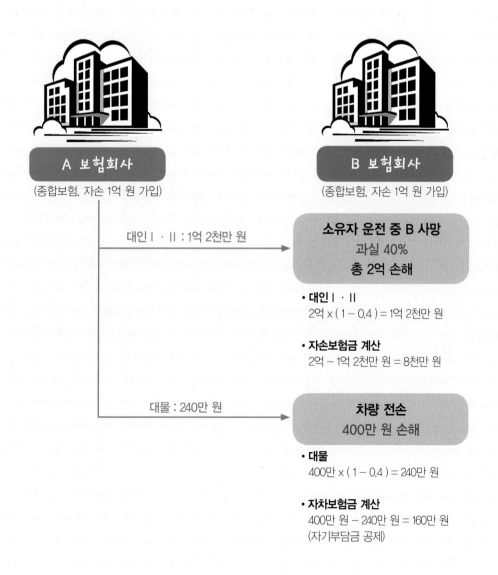

A 보험회사
(종합보험, 자손 1억 원 가입)

B 보험회사
(종합보험, 자손 1억 원 가입)

대인 I · II : 1억 2천만 원

소유자 운전 중 B 사망
과실 40%
총 2억 손해

- **대인 I · II**
  2억 x (1 − 0.4) = 1억 2천만 원

- **자손보험금 계산**
  2억 − 1억 2천만 원 = 8천만 원

대물 : 240만 원

차량 전손
400만 원 손해

- **대물**
  400만 x (1 − 0.4) = 240만 원

- **자차보험금 계산**
  400만 원 − 240만 원 = 160만 원
  (자기부담금 공제)

[자동차보험 보상 흐름도]

A 보험회사
(종합보험, 자손 1억 원 가입)

B 보험회사
(종합보험, 자손 1억 원 가입)

소유자 운전 중 A 사망
과실 60%
총 2억 손해

대인 I · II : 8천만 원

- **대인 I · II**
  2억 x (1 − 0.6) = 8천만 원

- **자손보험금 계산**
  2억 − 8천만 원 = 1억 2천만 원
  (자손보험금 한도 1억 원 보상)

차량 전손
1,000만 원 손해

대물 : 400만 원

- **대물**
  1,000만 x (1 − 0.6) = 400만 원

- **자차보험금 계산**
  1,000만 원 − 400만 원 = 600만 원
  (자기부담금 공제)

A 보험회사	B 보험회사
(종합보험, 자손 1억 원 가입)	(종합보험, 자손 1억 원 가입)

소유자 운전 중 A 사망
과실 60%
총 2억 손해

- 대인 Ⅰ · Ⅱ
  2억 x (1 − 0.6) = 8천만 원

- 자손보험금 계산
  2억 − 8천만 원 = 1억 2천만 원
  (자손보험금 한도 1억 원 보상)

소유자 운전 중 B 사망
과실 40%
총 2억 손해

- 대인 Ⅰ · Ⅱ
  2억 x (1 − 0.4) = 1억 2천만 원

- 자손보험금 계산
  2억 − 1억 2천만 원 = 8천만 원

차량 전손
1,000만 원 손해

- 대물
  1,000만 x (1 − 0.6) = 400만 원

- 자차보험금 계산
  1,000만 원 − 400만 원 = 600만 원
  (자기부담금 공제)

차량 전손
400만 원 손해

- 대물
  400만 x (1 − 0.4) = 240만 원

- 자차보험금 계산
  400만 원 − 240만 원 = 160만 원
  (자기부담금 공제)

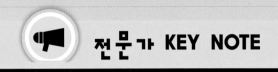

가불금청구 제도

① 쌍방 신호위반으로 누가 가해자인지 몰라서 사건이 지연되고 길어질 때
② 상대방에서 무과실을 주장하면서 채무부존재 소송 등을 제기하여서 보험접수가 안될 때

" 자배법상 가불금청구 제도를 통해서 치료비 전액을 먼저 청구할 수 있음 "

'전문가 Key Note' 시간을 통해서 전문가 팁을 하나씩 제공하겠습니다.

Part.1의 Key Note 제목은 '가불금청구 제도'입니다.

쌍방 신호위반으로 누가 가해자인지 몰라서 사건이 지연되고 길어질 때, 또한 상대방에서 무과실을 주장하면서 채무부존재소송 등을 제기하여서 보험접수가 안 될 때, 이때는 자배법상 '가불금청구 제도'를 통해서 치료비 전액을 먼저 청구할 수 있습니다.

따라서 이런 경우에는 사건이 끝날 때까지 기다리지 않고 가불금청구 제도를 통해서 치료비를 먼저 보험사로부터 지불보증받을 수 있음을 꼭 기억하세요.

MEMO

PART 02

정부보장사업,
무보험자동차상해
보상이야기

두 번째 시간은 정부보장사업과 무보험자동차상해 보상에 관한 이야기입니다.

먼저, 상대방 차량이 신호위반을 해서 발생한 사고의 경우입니다. 상대방 차량이 책임보험만 가입했을 경우 혹은 책임보험도 가입하지 않은 무보험자동차일 때 보상처리는 어떻게 될까요?

두 번째, 시골에서 보행자가 도로를 횡단하다가 뺑소니차량에 사고를 당했을 경우, 때로는 그 차량이 책임보험도 가입하지 않은 차량일 경우 이때 피해자의 보상은 어떻게 될까요?

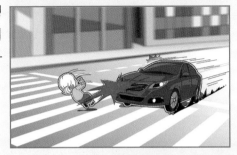

이번 시간은 이러한 사고들을 보상하고 있는 정부보장사업과 무보험자동차상해에 관하여 알아보겠습니다.

정부보장사업과 무보험자동차상해

*정부보장사업*은 자동차손해배상보장법에 의해서 시행하고 있는, 이름 그대로 정부에서 피해자를 보호하는 제도로서 가해자가 보험이 가입되어 있지 않은 무보험인 경우 혹은 뺑소니를 당한 경우 피해자에게 대인배상I를 대신하여 보상하는 제도입니다. 그 보상 내용은 대인배상I과 동일하며 이를 보상한 보험회사는 그 가해자에게 구상하게 됩니다.

Q : 정부보장사업이란?

A : 자동차손해배상보장법에 의해 시행하고 있는 사업

정부에서 피해자를 보호하는 보상으로, 보상의 내용은 대인배상Ⅰ(책임보험)과 동일함

무보험자동차상해는 자동차 종합보험 담보 중 하나로 통상 종합보험에 가입하면 포함되어 있는 보험입니다. 무보험자동차차상해는 상대방 차량이 책임보험밖에 없는 경우, 보험이 가입되어 있지 않은 무보험인 경우, 뺑소니를 당한 경우 등에는 대인배상Ⅱ를 대신하여 나와 내 가족을 보상하는 보험이며, 이를 보상한 보험회사는 그 가해자에게 구상하게 됩니다.

그 보상 내용은 대인배상Ⅱ와 유사합니다.

Q : 무보험자동차상해란?

A : 가해자가 보험이 없거나, 뺑소니 사고일 때 대인배상Ⅱ를 대신하여 나와 내 가족을 보상하는 보험

상대방

- 상대방이 책임보험밖에 없을 때
- 보험이 가입되어 있지 않았을 때
- 뺑소니를 당했을 때

무보험자동차상해에 의해서 가족을 먼저 보상하고, 그리고 보험회사는 그 상대방에게 구상함

다시 정리하면 가해자가 보험이 없거나, 뺑소니 사고일 때 대인배상Ⅰ을 대신하여 보상하는 것이 정부보장사업[1]이며, 대인배상Ⅱ를 대신하여 보상하는 것이 무보험자동차상해[2]입니다.

이때!!

| 대인배상Ⅰ 대신보상 | 동일 → | 정부보장사업 |
| 대인배상Ⅱ 대신보상 | 유사 → | 무보험자동차상해 |

O/X QUIZ 무보험자동차나 뺑소니차에 의해 상해를 입은 피해자가 보상받을 수 있는 것은?

① 정부보장사업뿐이다 － (   )

정답 X

해설 정부보장사업과 무보험자동차상해에서 보상받을 수 있다.

---

1) 정부보장사업은 대인배상Ⅰ과 보상이 동일하며 보상한도는 1인당 사망 · 후유장해 1억 5천만 원, 부상 3천만 원이다.
2) 무보험자동차상해는 나와 가족이 대인배상Ⅱ를 보상받지 못할 때 보상하는 것으로 대인배상Ⅱ와 보상이 유사하며, 보상한도는 사망 후유장애, 부상을 포함하여 1인당 2억 원 또는 5억 원 등이 있다.

상대방의 신호위반, 중앙선 침범 등의 100% 책임사고 I

종합보험   책임보험

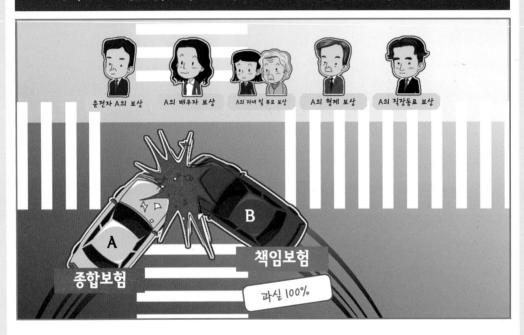

B 차량 100% 책임사고 시!
A 차량은 종합보험, B 차량은 책임보험에 가입되어 있다면, 관련보상은?

운전자 A의 보상   A의 배우자 보상   A의 자녀 및 부모 보상   A의 형제 보상   A의 직장동료 보상

책임보험

종합보험

과실 100%

정부보장사업과 무보험자동차상해에 대해서 이번 시간에도 사례를 중심으로 보상이야기를 시작해 보겠습니다.

첫 번째 사례는 상대방이 신호위반 또는 중앙선 침범 등 100% 책임사고에서 가해자가 책임보험만 가입한 사례입니다.

이런 경우의 보상은 어떻게 될까요?

① 운전자 A의 보상은?   ④ A의 형제 보상은?
② A의 배우자 보상은?   ⑤ A의 직장동료 보상은?
③ A의 자녀와 부모 보상은?

① 운전자 A의 보상은 어떻게 될까요?

A는 B 차량 입장에서 볼 때 피해자 즉, 타인에 해당하기 때문에 B 차량 **대인배상I**에서 보상 받을 수 있습니다.

만약, B 차량이 종합보험에 가입되어 있었다면, A는 대인배상Ⅱ에서도 보상받을 수 있었을 것입니다. 그런데, B 차량이 책임보험만 가입한 탓에 대인배상Ⅱ를 보상받지 못하게 된거죠.

이때, 대인배상Ⅱ를 대신하여 보상하는 것이 바로 A가 가입한 종합보험의 **무보험자동차상해** 입니다.

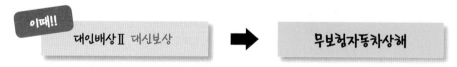

결론적으로 운전자 A는 B 차량 보험회사의 **대인배상I**과 A 차량 보험회사의 **무보험자동차상해** (대인배상Ⅱ 부분)에서 보상이 이루어집니다.

자동차보험 실무에서는 통상 A보험회사 무보험자동차상해로 접수할 경우 B 차량 대인배상I을 포함하여 모두 보상한 후 대인배상I 부분은 B보험회사에, 무보험자동차상해(대인배상II 부분)에 대해서는 가해자에게 각각 구상하게 됩니다.

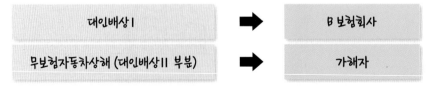

실무에서는 A 보험회사에서 먼저 보상 후 구상

| 대인배상 I | ➡ | B 보험회사 |
| 무보험자동차상해 (대인배상II 부분) | ➡ | 가해자 |

---

2 A의 배우자 보상은 어떻게 될까요?

A의 배우자는 B 차량 입장에서 볼 때 피해자 즉, 타인에 해당되기 때문에 B 차량 대인배상I에서 보상받을 수 있습니다.

A의 배우자 보상

B의 보험회사
대인배상 I 보상 0

A의 배우자의 경우에도, 만약 B 차량이 종합보험에 가입되어 있었다면, B 차량 대인배상II에서 보상받을 수 있었을 텐데, B 차량이 책임보험만 가입한 탓에 대인배상II를 보상받지 못하게 된 것입니다.

뿐만 아니라, A의 배우자는 A 차량 입장에서 볼 때에도 피해자 즉, 타인에 해당됩니다. 다만, 1장에서 말씀드린 것처럼 대인배상I만 보상이 되고 **대인배상II는 가족면책규정**에 의해 보상되지 않는 것입니다.

결국 A의 배우자는 A 차량, B 차량 모두에서 대인배상II를 보상받지 못하게 될거죠.

바로 이때, 대인배상II를 대신하여 보상하는 것이 앞서 배운 것처럼 바로 **무보험자동차상해** 입니다.

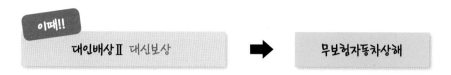

결론적으로 A의 배우자 보상도 B 차량 보험회사의 **대인배상I**과 A 차량 보험회사의 **무보험자 동차상해(대인배상II 부분)** 에서 보상이 이루어집니다.

앞서 말씀드린 것처럼 자동차보험 실무에서는 통상 A보험회사 무보험자동차상해로 접수할 경우 B 차량 대인배상I을 포함하여 모두 보상한 후 대인배상I 부분은 B 보험회사에, 무보험자동차상해 (대인배상II 부분)에 대해서는 가해자에게 각각 구상하게 됩니다.

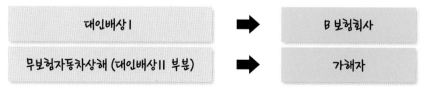

③ A의 자녀와 부모의 보상은 어떻게 될까요?

이 경우 A의 자녀와 부모의 보상은 **A의 배우자와 동일**합니다.

A의 자녀 보상

A의 배우자 보상과 동일

A의 부모 보상

A의 자녀 및 부모의 경우에도 B차량 입장에서 볼 때, 피해자 즉, 타인에 해당되기 때문에 B차량 대인배상I에서 보상받을 수 있겠습니다.

만약, B 차량이 종합보험에 가입되어 있었다면, B 차량 대인배상Ⅱ에서 보상받을 수 있었을 텐데, B 차량이 책임보험만 가입한 탓에 대인배상Ⅱ를 보상받지 못하게 된 것입니다.

바로 이때, 대인배상Ⅱ를 대신하여 보상하는 것이 앞서 배운 것처럼 바로 **무보험자동차상해**입니다.

결론적으로, A의 자녀 및 부모의 경우 A의 배우자처럼 먼저, B 차량 보험회사에서 **대인배상I**에서 보상이 이루어지고, A 차량 보험회사의 **무보험자동차상해(대인배상II 부분)**에서 보상이 이루어지는 겁니다.

자동차보험 실무에서는 통상 A보험회사 무보험자동차상해로 접수할 경우 B 차량 대인배상I을 포함하여 모두 보상한 후 대인배상I 부분은 B보험회사에, 무보험자동차상해(대인배상II 부분)에 대해서는 가해자에게 각각 구상하게 됩니다.

4 A의 형제가 타고 있을 때의 보상은 어떻게 될까요?

A의 형제의 경우에는 B 차량 보험회사에서 피해자 즉, 타인에 해당되기 때문에 B보험회사 *대인배상I*에서 보상이 이루어질 수 있으며,

또는 A 차량 입장에서 볼 때에도 타인의 위치에 있기 때문에 *대인배상I · II까지* 보상이 이루어집니다.

이 경우에는 당연히 A 차량 보험회사에서 대인배상I · II를 모두 보상받게 될 것이며, 이를 보상한 보험회사는 대인배상I 부분은 B보험회사에, 대인배상II 부분은 가해자에게 각각 구상하게 됩니다.

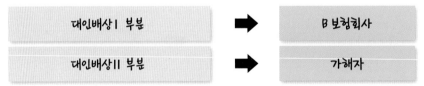

참고로, 앞서 A의 배우자나 부모 및 자녀의 경우 가족면책규정에 의해서 A 보험회사 대인배상II는 보상되지 않았지만,

형제는 가족면책규정에서 가족의 범위에 포함되지 않기 때문에 A 차량 대인배상I · II에서 모두 보상이 이루어지는 것입니다.

> 형제는 가족 면책 규정이 적용되지 않으므로,
> A 차량 대인배상 I · II에서 보상이 이루어짐

5 A의 직장동료가 A의 차량에 탑승했을 경우, 보상은 어떻게 될까요?

▶ 업무 중이 아닌 경우

이 경우에는 A의 형제와 보상이 동일합니다. A의 직장동료는 B 차량 보험회사에서 피해자 즉, 타인에 해당되기 때문에 B보험회사 대인배상I에서 보상이 이루어질 수 있으며,

또는 A 차량 보험회사에서 볼 때에도 타인의 위치에 있기 때문에 **대인배상I · II까지 보상**이 이루어집니다. 이를 보상한 보험회사는 대인배상I 부분은 B보험회사에, 대인배상II 부분은 가해자에게 각각 구상하게 됩니다.

▶ 업무 중인 경우

이때 A의 직장동료가 산재보상을 받을 수 있으면, A보험회사의 대인배상II에서는 보상하지 않습니다. **결국** 이때에는, **A보험회사의 대인배상I과 B보험회사의 대인배상I에서 각각 한도액까지** 보상받을 수 있으며 그래도 초과 손해가 있으면 **산재보상**을 받을 수 있습니다.

또는, **산재보상을 먼저 받을 경우** 초과 손해에 대해서는 **A보험회사의 대인배상I · II[1]와 B보험회사의 대인배상I에서** 보상받을 수 있습니다.

---

1) 대인배상II 면책규정을 살펴보면, 「산업재해보상보험법」에 의해서 보상 받을 수 있는 경우 대인배상II에서 보상하지 않지만, 다만, 같은 법에 의한 보상범위를 넘어서는 경우 그 초과손해는 보상됩니다.

상대방의 신호위반, 중앙선 침범 등의 100% 책임사고 II

종합보험 **무보험 or 뺑소니**

B의 차량 100% 책임사고 시!
A 차량은 종합보험에 가입되어있지만,
B 차량은 무보험 or 뺑소니 차량이라면. 보상은?

운전자 A의 보상   A의 배우자 보상   A의 자녀 및 부모 보상   A의 형제 보상   A의 직장동료 보상

과실 100%

무보험 or 뺑소니

종합보험

두 번째 사례도 앞서 첫 번째 사례와 비슷합니다. 다만 이번에는 가해차량이 책임보험도 가입하지 않은 무보험차량 또는 뺑소니 사고일 때의 보상을 살펴보고자 합니다.

이런 경우의 보상은 어떻게 될까요?

① 운전자 A의 보상은?   ④ A의 형제 보상은?
② A의 배우자 보상은?   ⑤ A의 직장동료 보상은?
③ A의 자녀와 부모 보상은?

① 운전자 A의 보상은 어떻게 될까요?

가해차량이 100% 과실로 가해자인데 그 차량이 책임보험도 가입하지 않은 무보험차량이거나 또는 뺑소니 사고일 때의 보상은 어떻게 될까요?

만약, 가해차량이 종합보험에 가입하였거나, 뺑소니 운전자가 검거되면 A는 가해차량에서 대인배상Ⅰ·Ⅱ에서 모두 보상을 받을 수 있었을 것입니다.

그런데, A는 모두 보상받지 못하게 된거죠.

이때, 대인배상Ⅰ을 대신해서 보상하는 것이 바로 **정부보장사업**이며, **대인배상Ⅱ를 대신**하여 보상하는 것이 바로 **무보험자동차상해**입니다.

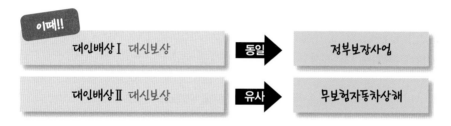

이를 보상한 정부와 A 보험회사에서는 가해자에게 각각 구상할 수 있으며, 뺑소니의 경우 검거되면 가해차량 대인배상Ⅰ·Ⅱ에 *각각 구상*하게 됩니다.

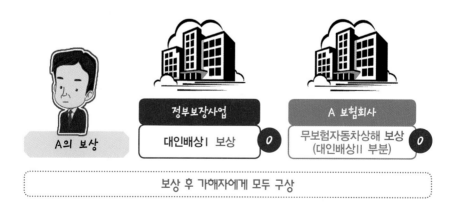

정부보장사업은 어디에 청구할 수 있을까요?

※ 정부보장사업의 청구는 손해보험사라면 어느 곳이든 접수할 수 있고 정부를 대행하여 대인 배상 I을 대신 보상하는 제도입니다.

> ### 정부보장사업의 청구
>
> ① 손해보험사라면 어느 곳이든 모든 곳에서 접수 가능
> ② 정부를 대행해서 대인배상 I 대신 보상 후 가해자에게 모두 구상
> ③ 대인배상 I 과 보상기준이 모두 동일

② A의 배우자 보상은 어떻게 될까요?

A의 배우자 경우에도 **만약 가해차량이 종합보험에 가입하였거나, 뺑소니 운전자가 검거되면** A의 배우자는 가해차량 대인배상 I · II에서 모두 보상을 받을 수 있었을 것입니다.

그런데, A의 배우자도 A처럼 모두 보상받지 못하게 된거죠.

이때, **대인배상I을 대신**해서 보상하는 것이 바로 **정부보장사업**이며, **대인배상II를 대신**하여 보상하는 것이 바로 **무보험자동차상해**이라고 말씀드렸습니다.

A의 배우자도 정부보장사업으로 보상을 청구하려고 하는데,

여기서 잠깐!
A의 배우자의 경우에는 정부보장사업에서 보상되지 않습니다. 그 이유는 바로 A보험회사의 대인배상I에서 보상되기 때문입니다.

잠깐만요!!

A의 배우자는 A 보험회사 대인배상 I 에서 보상되기 때문에 정부보장사업에서는 보상되지 않음

결론적으로 A의 배우자에 대한 보상은 A 보험회사의 **대인배상Ⅰ과 무보험자동차상해(대인배상Ⅱ 부분)**에서 보상이 이루어집니다.

이를 보상한 A 보험회사에서는 가해자에게 구상할 수 있으며, 뺑소니의 경우 검거되면 그 가해차량의 대인배상Ⅰ·Ⅱ에 각각 구상하게 됩니다.

③ A의 자녀 및 부모가 탑승했을 때의 보상은 어떻게 될까요?

이 경우 A의 자녀와 부모의 보상도 *A의 배우자와 동일*합니다.

A의 자녀 및 부모의 경우에도 **만약 가해차량이 종합보험에 가입하였거나, 뺑소니 운전자가 검거되면,** 가해차량 대인배상Ⅰ·Ⅱ에서 모두 보상을 받을 수 있었을 것입니다.

그런데, A의 자녀와 부모도 모두 보상받지 못하게 된거죠.

A의 자녀 및 부모의 경우도 정부보장사업에서 보상되지 않고 A 차량 **대인배상Ⅰ**에서 보상이 이루어집니다. 그리고 대인배상Ⅱ 부분에 대해서는 A 보험회사의 **무보험자동차상해**에서 보상이 이루어지는 것입니다.

A의 자녀 보상

A의 보험회사

| 대인배상Ⅰ 보상 | 0 |
| 무보험자동차상해 보상 (대인배상Ⅱ 부분) | 0 |

A의 부모 보상

④ A의 형제가 타고 있을 때의 보상은 어떻게 될까요?

A의 형제의 경우에도 가해차량 대인배상Ⅰ·Ⅱ에서 보상받지 못하지만 **다만, A차량 입장에서 볼 때에도 타인의 위치에 있기 때문에 대인배상Ⅰ·Ⅱ까지** 보상이 이루어집니다.

A의 형제 보상   A의 보험회사   대인배상Ⅰ·Ⅱ 보상   0

보상 후 가해자에게 모두 구상

이를 보상한 보험회사는 대인배상Ⅰ 부분과 대인배상Ⅱ부분에 대해서 가해자에게 각각 구상하게 됩니다.

앞서 A의 배우자나 부모 및 자녀의 경우 가족면책규정에 의해서 대인배상Ⅱ는 보상되지 않았지만, **형제는 가족면책 범위에 포함되지 않기 때문에** A 차량 대인배상Ⅰ·Ⅱ에서 모두 보상이 이루어지는 것입니다.

> 형제는 가족 면책 규정이 적용되지 않으므로,
> A 차량 대인배상Ⅰ·Ⅱ에서 보상이 이루어짐

⑤ A의 직장동료가 A 차량에 탑승했을 경우, 보상은 어떻게 될까요?

▶ 업무 중이 아닌 경우

이 경우에도 A의 형제와 보상이 동일합니다. A의 직장동료는 가해차량에서 대인배상Ⅰ·Ⅱ를 보상받지 못하지만, **다만** A차량 보험회사에서 볼 때에 타인의 위치에 있기 때문에 **대인배상Ⅰ·Ⅱ**까지 보상이 이루어집니다.

이를 보상한 보험회사는 대인배상Ⅰ 부분과 대인배상Ⅱ 부분에 대해서 가해자에게 각각 구상하게 됩니다.

▶ 업무 중인 경우

이때 A의 직장동료가 산재보상을 받을 수 있으면, A보험회사의 대인배상Ⅱ에서는 보상하지 않습니다. **결국** 이때에는, **A보험회사의 대인배상Ⅰ**에서 보상받을 수 있으며 그래도 초과 손해가 있으면 **산재보상**을 받을 수 있습니다.

또는, **산재보상을 먼저 받을 경우** 초과 손해에 대해서는 **A보험회사의 대인배상Ⅰ·Ⅱ[1]**에서 보상받을 수 있습니다.

---

1) 대인배상Ⅱ 면책규정을 살펴보면, 「산업재해보상보험법」에 의해서 보상 받을 수 있는 경우 대인배상Ⅱ에서 보상하지 않지만, 다만, 같은 법에 의한 보상범위를 넘어서는 경우 그 초과손해는 보상됩니다.

Chapter 3

상대방의 신호위반, 중앙선 침범 등의 100% 책임사고 Ⅲ

책임보험 **무보험 or 뺑소니**

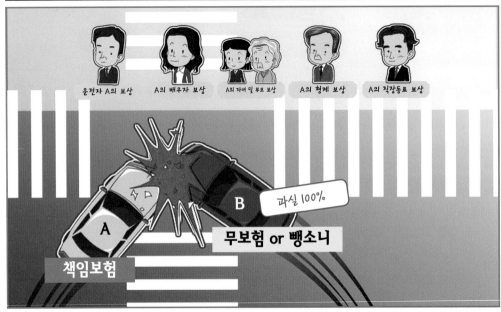

B의 차량 100% 책임사고 시!
A 차량은 책임보험에 가입되어있지만,
B 차량은 무보험 or 뺑소니 차량이라면. 보상은?

운전자 A의 보상   A의 배우자 보상   A의 자녀 및 부모 보상   A의 형제 보상   A의 직장동료 보상

과실 100%

무보험 or 뺑소니

B

A

책임보험

세 번째 사례도 앞의 사례와 비슷합니다. 그런데 이번에는 A도 종합보험이 아닌 책임보험만 가입한 경우입니다. 이 경우 보상은 어떻게 될까요? 같이 생각해 보겠습니다.

이런 경우의 보상은 어떻게 될까요?

① 운전자 A의 보상은?
② A의 배우자 보상은?
③ A의 부모 및 자녀의 보상은?

④ A의 형제 보상은?
⑤ A의 직장동료의 보상은?

1 운전자 A의 보상은 어떻게 될까요?

A의 경우 앞서 언급한 것처럼 **만약, 가해차량이 종합보험에 가입하였거나, 뺑소니 운전자가 검거되면** A는 가해차량 대인배상I·Ⅱ에서 모두 보상을 받을 수 있었을 것입니다.

그런데, A는 모두 보상받지 못하게 된거죠.

이때, 대인배상I를 대신해서 보상하는 것이 바로 **정부보장사업**이며, **대인배상Ⅱ를 대신**하여 보상하는 것이 바로 **무보험자동차상해**라고 말씀드렸습니다. 그런데, 이번에는 A가 종합보험이 아닌 책임보험만 가입하여 무보험자동차상해에서 보상되지 않습니다.

여기에서 중요한 팁이 있습니다.

> 무보험자동차상해는 사고차량이 아니더라도 가족 중에 종합보험에
> 가입되어 있으면 대인배상Ⅱ를 대신해서 무보험자동차상해의
> 보상을 청구할 수 있다는 것입니다.

다시 말해, A가 운전한 차량이 책임보험밖에 가입되어 있지 않지만, A의 배우자가 가입한 종합보험, A의 자녀가 가입한 종합보험, A의 부모가 가입한 종합보험, A의 사위, 며느리가 가입한 종합보험이 있다면, **그 자동차보험의 무보험자동차상해로 대인배상Ⅱ에 해당하는 보상**을 청구할 수 있다는 것입니다.

① 정부보장사업에서 대인배상I에 해당하는 부분 보상 가능
② 내 가족 중에 종합보험을 가입하고 있을 경우, 그 종합보험의 무보험자동차
　상해(대인배상Ⅱ 부분)로 보상 가능

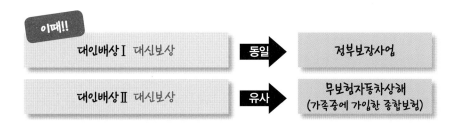

결론적으로 A의 보상은 정부보장사업에서 대인배상Ⅰ에 해당하는 부분을 보상을 받을 수 있고, 운전자 A를 중심으로 가족 중에 종합보험에 가입되어 있다면 그 종합보험에 무보험자동차상해에서 대인보상Ⅱ를 대신하여 보상을 받을 수 있다는 겁니다.[1]

중요 TIP !!

사고를 당한 본인을 중심으로.	
본인이 가입한 종합보험 (무보험자동차상해)	보 상
배우자가 가입한 종합보험 (무보험자동차상해)	보 상
부모가 가입한 종합보험 (무보험자동차상해)	보 상
장인, 장모, 시부모가 가입한 종합보험 (무보험자동차상해)	보 상 불 가
자녀가 가입한 종합보험 (무보험자동차상해)	보 상
사위, 며느리가 가입한 종합보험 (무보험자동차상해)	보 상

이를 보상한 정부와 보험회사에서는 가해자에게 각각 구상할 수 있으며, 뺑소니의 경우 운전자가 검거될 경우 가해차량 대인배상Ⅰ·Ⅱ에 각각 구상하게 됩니다.

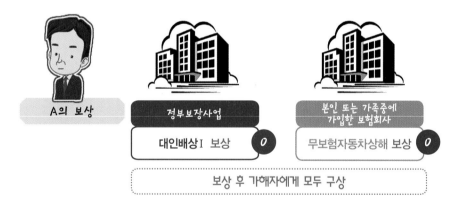

---

1)

A를 중심으로

가족(배우자, 부모, 자녀, 사위, 며느리 포함)이 가입한 무보험자동차상해에서 보상 가능

장인, 장모, 시부모가 가입한 무보험자동차상해에서는 보상 불가

2 A의 배우자 보상은 어떻게 될까요?

A의 배우자 경우에도 만약 가해차량이 종합보험에 가입하였거나, 뺑소니 운전자가 검거되면 A의 배우자는 가해차량 대인배상Ⅰ·Ⅱ에서 모두 보상을 받을 수 있었을 것입니다.

그런데, A의 배우자도 A처럼 모두 보상받지 못하게 된거죠.

이때, 대인배상Ⅰ를 대신해서 보상하는 것이 바로 정부보장사업이며, 대인배상Ⅱ를 대신하여 보상하는 것이 바로 무보험자동차상해이라고 말씀드렸습니다.

그래서 A의 배우자도 정부보장사업으로 보상을 청구하려고 하는데, A의 배우자의 경우에는 정부보장사업에서 보상되지 않는다고 말씀드렸습니다.

독자 여러분, 그 이유를 이제는 알수 있겠습니까?

그 이유는 바로 A 차량 대인배상Ⅰ에서 보상되기 때문입니다.

잠깐!!

A의 배우자는 A보험회사 대인배상Ⅰ에서 보상되기 때문에 정부보장사업에서는 보상되지 않음

정부보장사업은 항상 대인배상Ⅰ을 보상받지 못할 때 이를 대신하여 보상하는 제도입니다. 따라서, 어느 차량이든 대인배상Ⅰ이 보상될 경우에는 정부보장사업에서는 보상되지 않는 것이지요.

그리고 대인배상Ⅱ를 대신하여 무보험자동차상해를 청구하려고 하는데, 이번에는 A 차량에 책임보험만 가입되어 보상되지 않습니다.

그래서 앞서 말씀드린 것처럼 A의 배우자를 중심으로 가족 중에 종합보험(무보험자동차상해)이 가입되어 있는 경우 그 보험회사에 무보험자동차상해 보상금을 청구할 수 있는 것입니다.

A의 배우자를 중심으로
부모, 배우자, 자녀, 사위, 며느리가 자동차 종합보험에 가입되어 있다면
그 차량의 무보험자동차상해(대인배상Ⅱ 부분)로 보상 가능

결론적으로 A의 배우자는 A의 보험회사 대인배상Ⅰ에서 해당하는 부분을 보상을 받을 수 있고, A의 배우자를 중심으로 가족 중에 종합보험에 가입되어 있다면 그 종합보험에 무보험자동차상해에서 대인보상Ⅱ를 대신하여 보상을 받을 수 있다는 겁니다.[1]

또한, 이를 보상한 A 보험회사에서는 가해자에게 각각 구상할 수 있으며, 뺑소니의 경우 운전자가 검거되면 가해차량 대인배상Ⅰ·Ⅱ에 각각 구상하게 됩니다.

---

1) **A의 배우자 중심** | 가족(배우자, 부모, 자녀, 사위, 며느리 포함)이 가입한 무보험자동차상해에서 보상 가능 |
| | 장인, 장모, 시부모가 가입한 무보험자동차상해에서는 보상 불가 |

③ A 부모와 자녀가 탑승한 경우에는 어떻게 될까요?

A의 자녀 보상   배우자의 보상과 동일   A의 부모 보상

A의 자녀 및 부모의 경우에도 **만약 가해차량이 종합보험에 가입하였거나, 뺑소니 운전자가 검거되면** A의 배우자는 가해차량 대인배상Ⅰ·Ⅱ에서 모두 보상을 받을 수 있었을 것입니다.

그런데, A의 자녀와 부모도 모두 보상받지 못하게 된거죠.

결론적으로 A의 자녀 및 부모는 A의 보험회사 대인배상Ⅰ에서 보상을 받을 수 있고, A의 자녀 및 부모를 중심으로 가족중에 종합보험에 가입되어 있다면 그 종합보험에 무보험자동차상해에서 대인보상Ⅱ를 대신하여 보상을 받을 수 있다는 겁니다.[1]

이를 보상한 A 보험회사에서는 가해자에게 구상할 수 있으며, 뺑소니의 경우 가해자 검거되면 가해차량 대인배상Ⅰ·Ⅱ에 각각 구상하게 됩니다.

A의 자녀 보상   A의 보험회사   본인 또는 가족중에 가입한 보험회사   A의 부모 보상

대인배상Ⅰ 보상 ○   무보험자동차상해 보상 (대인배상Ⅱ 부분) ○

보상 후 가해자에게 모두 구상

---

[1]
A의 자녀,부모 중심

가족(배우자, 부모, 자녀, 사위, 며느리 포함)이 가입한 무보험자동차상해에서 보상 가능

장인, 장모, 시부모가 가입한 무보험자동차상해에서는 보상 불가

❹ A의 형제가 탑승한 경우에는 어떻게 될까요?

A의 형제의 경우에는 가해차량으로부터 아무런 보상을 받지 못하는 상황에서 A 차량 입장에서 볼 때에 타인의 위치에 있기 때문에 A의 보험회사 **대인배상Ⅰ**에서 보상이 이루어지며, 대인배상 Ⅱ는 미가입 상태이므로 보상되지 않습니다.

A의 형제의 경우에도 앞서 말씀드린 것처럼 피해자 **본인을 중심으로 가족 중에 종합보험(무보험 자동차상해)이 가입되어 있는 경우** 그 무보험자동차상해보험에 보상을 청구할 수 있는 것입니다.

A의 형제를 중심으로
부모, 배우자, 자녀, 사위, 며느리가 자동차 종합보험에 가입되어 있다면
그 차량의 무보험자동차상해(대인배상Ⅱ 부분)로 보상 가능

결론적으로 A의 형제의 보상은 A 보험회사 대인배상Ⅰ과 A의 형제의 가족 중에 종합보험이 가입 되어 있다면 대인배상Ⅱ를 대신하여 무보험자동차상해보험에서 보상이 이루어집니다.

또한, 이를 보상한 보험회사에서는 가해자에게 각각 구상할 수 있으며, 뺑소니의 경우 운전자가 검거되면 가해차량 대인배상Ⅰ·Ⅱ에 각각 구상하게 됩니다.

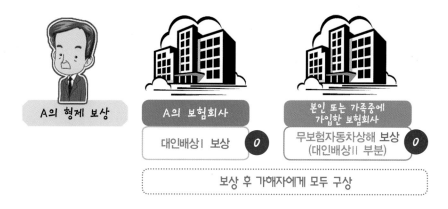

⑤ A의 직장동료의 보상은 어떻게 될까요?

이 경우에도 A의 형제와 보상이 동일합니다.

A의 직장동료의 경우에는 가해차량으로부터 아무런 보상을 받지 못하는 상황에서 A 차량 입장에서 볼 때에 타인의 위치에 있기 때문에 A의 보험회사 *대인배상 I* 에서 보상이 이루어지며, 대인배상Ⅱ는 미가입 상태이므로 보상되지 않습니다.

A의 직장동료의 경우에도 앞서 말씀드린 것처럼 피해자 본인을 중심으로 가족 중에 종합보험 (무보험자동차상해)이 가입되어 있는 경우 그 무보험자동차상해보험에 보상을 청구할 수 있는 것입니다.[1]

---

[1]

A의 직장동료 중심

가족(배우자, 부모, 자녀, 사위, 며느리 포함)이 가입한 무보험자동차상해에서 보상 가능

장인, 장모, 시부모가 가입한 무보험자동차상해에서는 보상 불가

A의 직장동료를 중심으로
부모, 배우자, 자녀, 사위, 며느리가 자동차 종합보험에 가입되어 있다면
그 차량의 무보험자동차상해(대인배상Ⅱ 부분)로 보상 가능

결론적으로 A의 직장동료의 보상은 A 보험회사 대인배상Ⅰ과 A의 직장동료 가족중에 종합보험이 가입되어 있다면 대인배상Ⅱ를 대신하여 무보험자동차상해보험에서 보상이 이루어집니다.

또한, 이를 보상한 보험회사에서는 가해자에게 각각 구상할 수 있으며, 뺑소니의 경우 가해자가 검거되면 가해차량 대인배상Ⅰ·Ⅱ에 각각 구상하게 됩니다.

Chapter 4

A의 어머니가 횡단보도를 보행하던 중 뺑소니 사고를 당한 경우

무보험 or 뺑소니

횡단보도를 건너던 중 발생한 뺑소니 사고! 관련 보상은?

네 번째 사례로 A의 어머니가 시골에서 횡단보도를 건너던 중 사고를 당했습니다. 이때 뺑소니 사고일 경우, 또는 가해차량이 책임보험도 가입하지 않은 무보험자동차사고일 경우를 생각해 보겠습니다.

이런 경우의 보상은 어떻게 될까요?

① A의 어머니의 보상은?

① A의 어머니는 보상을 어디서 받을 수 있을까요?

만약, 가해차량이 종합보험에 가입하였거나, 뺑소니 운전자가 검거되면 A의 어머니는 가해차량 대인배상Ⅰ·Ⅱ에서 모두 보상을 받을 수 있었을 것입니다.

그런데, A의 어머니는 모두 보상받지 못하게 된거죠.

이때, 대인배상Ⅰ를 대신해서 보상하는 것이 바로 정부보장사업이며, 대인배상Ⅱ를 대신하여 보상하는 것이 바로 무보험자동차상해라고 말씀드렸습니다.

지금처럼 보행자가 사고를 당한 경우에도 정부보장사업과 무보험자동차상해에서 보상이 이루어질 수 있을까요?

네, 가능합니다.

먼저, 가해차량의 대인배상Ⅰ을 대신해서 정부보장사업에서 보상이 이루어집니다.

가해자가 뺑소니 혹은 무보험 차량일 경우
정부보장사업에 의해 대인배상Ⅰ에 해당하는 부분을 보상 가능

그리고, 대인배상Ⅱ에 대해서는 사고당사자인 A의 어머니 본인을 중심으로 가족 중에 종합보험 (무보험자동차상해)이 가입되어 있는 경우 그 보험회사에서 **대인배상Ⅱ를 대신하여 무보험자동 차상해에서 보상**을 청구할 수 있는 것입니다.

**A의 어머니를 중심으로
부모, 배우자, 자녀, 사위, 며느리가 자동차 종합보험에 가입되어 있다면
그 차량의 무보험자동차상해(대인배상Ⅱ 부분)로보상 가능**

결론적으로 A의 어머니는 가해차량의 대인배상Ⅰ을 대신하여 정부보장사업에서 보상이 이루어 지며, 가해차량의 대인배상Ⅱ를 대신하여 가족들이 가입한 무보험자동차 상해에서 보상이 이루 어집니다.[1]

또한, 이를 보상한 보험회사에서는 가해자에게 각각 구상할 수 있으며, 뺑소니의 경우 운전자 검 거될 경우 가해차량 대인배상Ⅰ·Ⅱ에 각각 구상하게 됩니다.

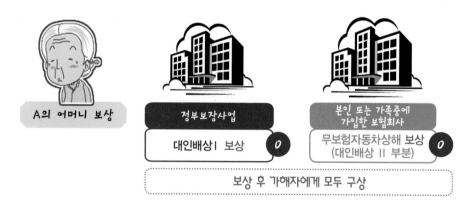

A의 어머니 보상	

정부보장사업
대인배상Ⅰ 보상 O

본인 또는 가족중에 가입한 보험회사
무보험자동차상해 보상 (대인배상Ⅱ 부분) O

보상 후 가해자에게 모두 구상

---

1) **A의 어머니 중심**

가족(배우자, 부모, 자녀, 사위, 며느리 포함)이 가입한 무보험자동차 상해에서 보상 가능
장인, 장모, 시부모가 가입한 무보험자동차 상해에서는 보상 불가

A가 자녀를 태우고 오토바이를 운전 중 단독사고가 발생한 경우

무보험

오토바이를 이용하여 등교시키던 중 발생한 단독사고!
무보험 상태라면, 관련 보상은?

운전자 A의 보상   A의 자녀 보상   A의 오토바이 보상

무보험

  마지막으로 다섯 번째 사례입니다. 앞서 1장에서 배웠던 사례와 동일한 내용입니다. A가 오토바이를 운전하면서 뒤에 자녀를 태우고 등교하던 중 단독사고가 발생했을 때에 보상은 어떻게 될까요? 1장에서 배울 때에는 A가 책임보험에 가입한 상황이었으나, 이제는 A가 오토바이 책임보험도 가입하지 않은 무보험상태일 때를 생각해 보겠습니다.

이런 경우의 보상은 어떻게 될까요?

  ① 운전자 A의 보상은?
  ② 오토바이 뒤에 탑승한 A의 자녀 보상은?
  ③ A의 오토바이 보상은?
  ④ 뒤에 탑승한 자녀가 보상받을 수 있다면, 보상 후 A에게 구상할 수 있을까요?

① 운전자 A의 보상은 어떻게 될까요?

"A 보상의 경우 앞서 배운 것처럼 대인배상I에 대해서는 정부보장사업에서 보장받을 수 있을 것 같고, 대인배상II에 대해서는 가족 중에 가입한 종합보험이 있다면 그 보험의 무보험자동차상해로 보상받을 수 있는 것 아닙니까?"라고 물어보실 분들이 있을 것 같습니다. 답변을 드리겠습니다.

정부보장사업과 무보험자동차상해는 가해자가 있는 경우로서 가해자가 있는데도 불구하고 그 가해자가 보험에 가입하지 않았거나 뺑소니 사고를 내서 보상받지 못할 경우에만 청구할 수 있습니다.

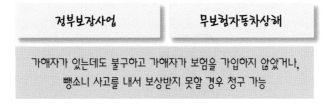

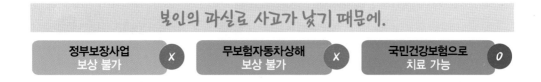

그런데 지금은 오토바이 A 운전자가 오토바이를 운전하면서 본인 과실로 사고를 당했기 때문에 가해자가 없습니다. 그래서 이런 경우 A는 정부보장사업과 무보험자동차상해에서 보상을 청구할 수가 없습니다.

결론적으로, 이런 경우에는 안타깝게도 보험회사에서는 보상을 받을 수가 없고, 국민건강보험으로 치료비를 청구할 수가 있습니다.

2 **오토바이 뒤에 탑승한 A의 자녀 보상은 어떻게 될까요?**

앞서 1장에서 공부했던 것처럼 A의 차량 기준으로 자녀는 타인에 해당하기 때문에 A 차량 대인배상I으로 보상이 가능했습니다. 그러나 가해자인 아버지가 오토바이에 책임보험도 가입하지 않아 A의 자녀는 대인배상I도 보상받지 못하게 된거죠.

비록, 아버지가 가해자이지만, A의 자녀는 대인배상I를 보상받지 못하게 되었기 때문에 정부보장사업을 통해 보상받을 수 있는 겁니다.

결론적으로, A의 자녀는 *대인배상I을 대신하여 정부보장사업*에서 보상이 이루어지며, *치료비가 초과한 경우* 국민건강보험으로 치료를 받을 수가 있습니다.

A의 자녀 보상

정부보장사업

대인배상I 보상 ○

국민건강보험 보상 ○

비록, **아버지가** 가해자이지만,
대인배상I을 대신하여 정부보장사업에서 보상 가능
치료비가 초과한 경우 국민건강보험으로 치료 가능

3 **A의 오토바이의 보상은 어떻게 될까요?**

자동차보험으로는 보상받을 수 없으므로 오토바이 손해에 대해서는 A가 모두 책임져야 합니다.

보상 불가!

A의 오토바이 보상

4 A의 자녀를 보상한 정부에서는 가해자인 A에게 보상한 만큼 구상할 수 있을까요?

　정부보장사업은 가해자가 무보험인 상태일 때 이를 대신하여 대인배상I를 보상하는 피해자 제도입니다. 그리고 이를 보상한 정부에서는 가해자에게 항상 구상하게 되어 있지요.

　하지만, 이 경우처럼 아버지가 가해자인 경우 A의 자녀에게 보상한 정부에서 아버지에게 구상할 수 있을까요?

여러분의 생각은 어떻습니까?

Q. 가해자인 아버지가 책임보험을 가입하지 않아 정부가 대신 보상한 금액! 이 금액을 가해자인 아버지에게 구상권을 청구할 수 있을까?

A. 아버지에게 보상금액을 구상 할 수 없다.

이 경우에 대법원에서는 '구상할 수 없다'라고 판결하고 있습니다.

　만약에 A의 자녀에게 정부에서 보상하고 다시 아버지인 A에게 구상한다면, 보상하지 않는 결과를 낳기 때문에 이런 경우에 대법원은 구상을 제한하고 있습니다.

> 자녀에게 보상을 정부에서 하고 다시 아버지에게 구상을 한다면,
> 결국 보상하지 않는 결과를 낳기 때문이다.

실제 사례

독자 여러분들과 함께 제2장까지 마칠 시간이 되었습니다.

우리는 앞서 여러 가지 사고유형에 대한 보상처리를 알아봤습니다.

이번에는 2014년도 초에 있었던 실제 사례 이야기입니다.

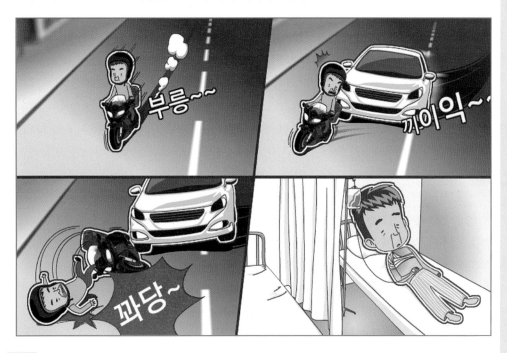

사례

 2014년도 1월경 발생했던, 실제 사례를 함께 살펴볼까요?

 A씨는 닭강정 배달을 위해 오토바이를 타고 1차선을 달리고 있었습니다. 그러던 중 2차선을 주행하던 차량이 오토바이를 미처 보지 못하고 급차선변경을 하였는데요. 오토바이와 차량의 충격은 없었으나, 오토바이가 이 차량을 피하다가 전복사고가 발생하게 되었습니다. 해당 사고로 인하여 A씨는 어깨골절로 약 6주 진단이 발생하였는데요. 이때 A씨의 보상은 어떻게 될까요?

닭강정을 운영하시는 필자 친구의 아버님이 계십니다. 아버님께서 어느 날 닭강정을 배달하기 위해서 오토바이를 타고 도로의 1차로를 달리고 있는데 2차로에서 주행하던 차량이 이 오토바이를 못 보고 급하게 차선을 변경하던 중에 충격은 없었지만 비접촉 사고가 발생하였으며, 오토바이는 그 차량을 피하려고 핸들을 급하게 꺾다가 전복사고가 발생했습니다.

이 사고로 친구 아버지는 어깨 골절로 인해서 6주 진단을 받았습니다. 아무런 접촉사고도 없었기 때문에 단독사고로 처리될 경우 자동차보험으로는 아무런 보상을 받지 못하고 국민건강보험으로 치료비만 받을 수밖에 없는 상황이었습니다.

그런데 경찰서 신고를 통해 조사한 결과 다행히도 목격자를 찾을 수 있었으며, 비록 비접촉사고였지만, 상대 차량의 급차선변경으로 사고가 발생하였다는 목격자 진술에 따라 뺑소니사고로 처리할 수 있었습니다.

그로 인해서 친구 아버지는 대인배상Ⅰ에 해당하는 부분은 정부보장사업에서 보상을 청구할 수 있었으며, 대인배상Ⅱ 부분에 대해서는 사위가 가입한 종합보험 무보험자동차상해에서 보상을 청구할 수 있었습니다.

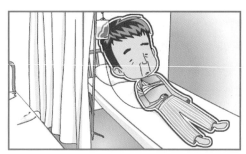

- 어깨 골절로 인해서 6주 진단을 받은 사고
- 만약에 목격자가 없어서 단독사고로 처리된다면 가해자가 없기 때문에 정부보장사업이나 무보험자동차상해로 처리하지 못하고 국민건강보험으로 치료비만 받을 수밖에 없는 상황
- 다행히 목격자가 있어서 가해자가 있는 사고로 확인되었던 사건

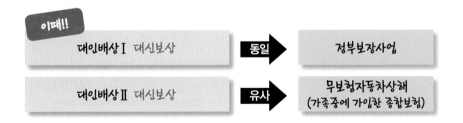

결론적으로 만약에 뺑소니 사고가 아니었고 단독사고로 처리되었다면 국민건강보험으로 치료비만 받을 수밖에 없는 사건이었으나 경찰서에 신고되어 조사가 잘 이루어져서 가해자가 있는 뺑소니 사고로 처리됨에 따라 정부보장사업과 사위가 가입한 무보험자동차상해에서 충분한 치료와 함께 위자료, 휴업손해액 등 손해배상금 일체를 청구할 수 있었습니다.

그로 인해 최종 약 1,200만 원 정도의 보상금을 받을 수 있었던 실제 사례입니다.

> ❝ 최종 약 1,200만 원 정도의 보상금을
> 받을 수 있었던 실제 사례 ❞

[정부보장사업, 무보험자동차상해 보상 흐름도]

1. 뺑소니 또는 무보험자동차에 사고를 당하여 사망,
본인 과실은 20%, 손해액 3억 원, 가족 중 한 명이 종합보험에 가입한 상황일 경우

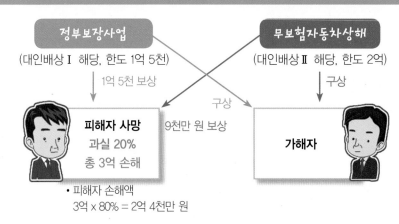

정부보장사업
(대인배상 I 해당, 한도 1억 5천)
1억 5천 보상

무보험자동차상해
(대인배상 II 해당, 한도 2억)
구상

구상
9천만 원 보상

피해자 사망
과실 20%
총 3억 손해

가해자

• 피해자 손해액
  3억 × 80% = 2억 4천만 원

2. 뺑소니 또는 무보험자동차에 사고를 당하여 사망,
본인 과실은 20%, 손해액 3억 원, 무보험자동차상해 미가입 경우

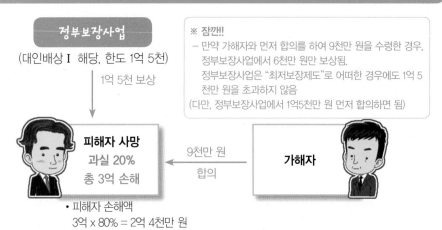

정부보장사업
(대인배상 I 해당, 한도 1억 5천)
1억 5천 보상

※ 잠깐!
– 만약 가해자와 먼저 합의를 하여 9천만 원을 수령한 경우,
  정부보장사업에서 6천만 원만 보상됨.
  정부보장사업은 "최저보장제도"로 어떠한 경우에도 1억 5
  천만 원을 초과하지 않음
(다만, 정부보장사업에서 1억5천만 원 먼저 합의하면 됨)

피해자 사망
과실 20%
총 3억 손해

9천만 원
합의

가해자

• 피해자 손해액
  3억 × 80% = 2억 4천만 원

3. 아버지가 오토바이를 운전하며 딸을 학교에 등교시키던 중 사고 발생!
오토바이 책임보험도 가입하지 않은 상황, 딸은 사망, 호의동승감액은 30%, 총 손해액은 2억 원

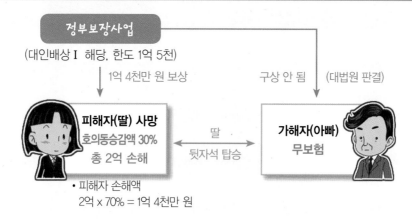

정부보장사업

(대인배상Ⅰ 해당, 한도 1억 5천)

1억 4천만 원 보상   구상 안 됨 (대법원 판결)

피해자(딸) 사망
호의동승감액 30%
총 2억 손해

딸
뒷자석 탑승

가해자(아빠)
무보험

• 피해자 손해액
  2억 x 70% = 1억 4천만 원

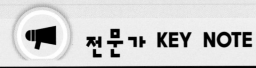

피해자직접청구권 제도

Q. 피해자직접청구권 제도란?

A. 피해자가 직접 청구할 수 있도록 법에서 보장하고 있는 제도

Part. 2의 전문가 Key Note 제목은 '피해자직접청구권 제도'입니다. 말 그대로 피해자가 직접 청구할 수 있도록 법에서 보장하고 있는 제도입니다.

이런 경우가 있지요. 가해자가 보험이 있음에도 불구하고 감정싸움 때문에 "보험접수를 못 해주겠다." "보험접수를 해줄 수 없으니 법대로 알아서 해라." "소송하든지 말든지 마음대로 해라." 등 떼를 쓰는 경우가 발생할 수 있습니다.

이렇게 다툼이 되는 경우 자배법에서는 피해자가 가해자의 보험회사를 상대로 "내 손해가 이만큼 있으니 이것을 보상해주세요."라고 직접 본인의 손해를 청구할 수 있습니다.

이를 '피해자직접청구권 제도'라고 합니다.

PART 03

음주운전, 무면허운전 사고 보상이야기

이번 주제는 '음주운전 그리고 무면허운전 사고에 대한 보상이야기'입니다.

첫 번째 사례는 가족과 함께 나들이 가던 중에 눈길에 미끄러져서 단독사고 발생한 경우입니다.

두 번째는 중앙선 침범사고로 상대방과 나와 내 가족이 상해를 당한 경우입니다.

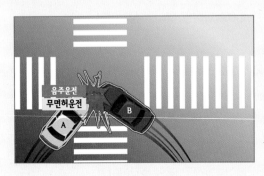

세 번째는 교차로에서 쌍방과실 사고가 발생한 경우입니다.

음주운전, 무면허운전 사고 시 보상

운전자가 음주운전, 무면허운전이었을 때의 보상은 어떻게 되는지를 같이 생각해보는 시간을 갖겠습니다.

O/X QUIZ 운전자가 음주운전 또는 무면허운전 중에 단독사고가 발생하면 자손보험금은 보상된다.

– (   )

정답 O

해설 상법에서는 상해보험과 사망보험의 경우에 피보험자의 중과실로 사고가 발생한 경우라 하더라도 고의만 아니라면 보험금을 지급하도록 강행규정을 두고 있다.
이에, 자동차보험약관에서도 운전자의 음주운전 또는 무면허운전 등과 같은 중과실로 사고가 발생된 경우라 하더라도 상해보험인 자손에서는 보상하고 있습니다.

A가 가족을 태우고 운전 중 단독사고가 발생한 경우 보상이야기

음주운전

눈길에 미끄러져 가로수를 충돌한 단독사고! 종합보험 가입 시, 관련 보상은?

혈중알콜 농도 0.06%
운전자 A의 보상

A의 배우자 보상

가로수 보상

A의 차량 보상

혈중알콜 농도 0.45%
운전자 A의 보상

음주운전

첫 번째 사례입니다. A가 가족과 함께 A 차량을 이용하여 음주운전(0.06%)을 하던 중에 눈길에 미끄러져서 가로수를 충격한 단독사고입니다. (종합보험 가입)

이런 경우의 보상은 어떻게 될까요?

① 운전자 A의 보상은?
② A의 배우자 보상은?
③ 가로수의 보상은?
④ A의 차량 보상은?
⑤ A의 혈중알코올농도가 0.045%였다면, 음주운전에 해당할까요?

① 운전자 A의 보상은 어떻게 될까요?

우리는 1장을 통해 운전자 A는 A 차량 보험회사에서 바라볼 때, 불법행위 당사자로 자배법상 타인이 될 수 없어서 대인배상Ⅰ·Ⅱ에서는 보상되지 않고 오직 자손에서만 보상이 된다고 배웠습니다.

그런데, A가 음주운전을 한 경우에도 자손에서 보상이 이루어질까요?

네, 보상이 가능합니다.

혈중알콜 농도 0.06%
운전자 A의 보상

대인배상Ⅰ·Ⅱ 보상 불가 ✕   자손 보상 ○

상법에서는 상해보험과 사망보험의 경우에 피보험자의 중과실로 사고가 발생된 경우라 하더라도 고의만 아니었다면 보험금을 지급하도록 강행규정을 두고 있습니다.[1]

이에 자동차보험약관에서도 운전자의 음주운전 등과 같은 중과실로 사고가 발생된 경우라 하더라도 상해보험인 자손에서는 보상하고 있습니다.

Q. 음주운전 시 자손 보상 가능?

A. 자손으로 보상 가능

---

1) 상법 제732조의2(중과실로 인한 보험사고 등) ① 사망을 보험사고로 한 보험계약에서는 사고가 보험계약자 또는 피보험자나 보험수익자의 중대한 과실로 인하여 발생한 경우에도 보험자는 보험금을 지급할 책임을 면하지 못한다. ; 제739조(준용규정) 상해보험에 관하여는 제732조를 제외하고 생명보험에 관한 규정을 준용한다.

또한, 자손에서 치료비가 초과되는 경우에는 국민건강보험으로 추가 치료비를 청구할 수 있을까요?

이 경우에는 국민건강보험에서 치료비가 지급되지 않습니다.

> Q. 부족한 치료비는?
> A. 국민건강보험에 청구 불가능

앞 장에서는 교통사고라 하더라도 국민건강보험으로 치료비를 보상받을 수 있었는데, **왜 이번에는 보상이 안 될까요?**

국민건강보험법에서는 보험금 급여 제한 사유로 본인의 중과실로 인한 범죄행위가 있을 때에는 보상하지 않게 되어 있는데, 법원에서는 **교통사고에 있어서 12대 중과실**에 해당하는 정도를 **중과실로 인한 범죄행위**로 판단하여 **면책**을 하고 있습니다.

이에, 음주운전 사고의 경우 자손에서 치료비가 초과하더라도 국민건강보험으로 보상되지 않습니다.

음주운전사고는 중과실 범죄행위에 해당하므로
국민건강보험의 보상지급 불가

다시 정리해보면 A가 음주운전으로 사고가 발생한 경우에도 자손보험금을 청구할 수 있으나, 초과치료비의 경우 국민건강보험법 급여제한 사유로 인해 보험금이 제한됩니다.

| ① 음주운전도 자손보험금 청구 가능 | ② 국민건강보험으로 치료비 불가 |

❷ 운전자 A 옆에 탑승하고 있는 A의 배우자에 대한 보상은 어떻게 될까요?

A의 배우자는 자배법상 타인에 해당되기 때문에 대인배상Ⅰ에서 보상이 가능합니다. 대인배상Ⅱ는 가족면책규정에 따라서 보상되지 않는다고 우리는 같이 배웠습니다. 그래서 A의 배우자는 **대인배상Ⅰ과 자손에서 보상**이 가능합니다.

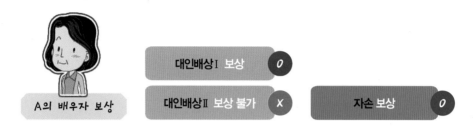

그런데 A가 음주운전을 했기 때문에 대인배상Ⅰ으로 보상처리 시 **A는 음주운전 사고부담금 300만 원을 납부**해야만 합니다.[1]

따라서 A가 음주운전 사고부담금 300만 원을 보험회사에 납부하고 A의 배우자는 대인배상Ⅰ과 자손으로 보상받을 수 있습니다.

> **Q. A의 배우자의 손해액이 300만 원에 미달하여 A가 음주운전 사고부담금을 납부하지 않고 대인배상Ⅰ의 청구를 포기하고 단순히 자손으로만 보상받겠다고 자손보험금만 청구할 수 있을까?**

> **사례** 손해액 270만 원. 대인배상Ⅰ으로도 처리 가능한 금액이고 자손으로도 처리 가능한 금액임. 이 경우 A가 음주운전 사고부담금을 부담하지 않고 자손으로 270만 원을 처리할 수 있을까?

> **답변** **자손으로만 처리하는 것은 불가.** 자손보험은 대인배상Ⅰ에서 보상받을 수 있는 금액을 넘는 손해를 보상하므로, 이 경우 270만 원은 대인배상Ⅰ으로만 처리되어야 하며, 그 270만 원은 A가 음주운전 사고부담금으로 납부하여야 함. 결국 A가 납부한 사고부담금으로 배우자가 보상처리되며 이 사건은 종결됨.

---

1) 음주운전 사고부담금이란 피보험자 본인이 음주운전을 하는 동안에 생긴 사고로 인해 보험회사가 「대인배상Ⅰ」, 「대인배상Ⅱ」, 「대물배상」에서 보험금을 지급하는 경우에 피보험자가 보험회사에 납부하여야 하는 사고부담금을 말함. 1 사고당「대인배상Ⅰ·Ⅱ」는 300만 원, 「대물배상」은 100만 원임

3 가로수의 손실은 A 과실로 사고가 발생하였으므로 A가 당연히 배상해야겠지요?

가로수의 경우 A 보험회사에서 대물배상으로 보상을 받을 수 있다고 말씀드린 바 있습니다.

그런데 A가 *음주운전*을 하여 사고가 발생한 경우에도 *대물배상에서 보상이 될까요?*

네 맞습니다. 당연히 보상은 됩니다.

다만, 대인배상I·II처럼 대물배상으로 처리할 경우 운전자 A는 음주운전 사고부담금을 납부해야 하며, *대물배상에서 음주운전 사고부담금은 100만 원*입니다.

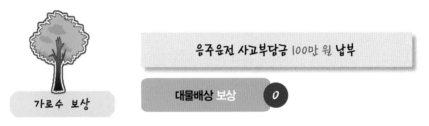

Q. 가로수의 대물로 보상이 가능할까?
A. 음주운전시에도 보상 가능

음주운전 사고부담금

음주운전한 A는 A 차량 보험회사에 대인배상I·II 300만 원, 대물배상 100만 원으로 총 400만 원을 납부해야 합니다. 보험회사에서는 피해자에게 우선 보상을 한 후 음주운전을 한 A에게 400만 원을 구상하게 됩니다.

4 운전자 A의 차량 보상은 어떻게 될까요?

A의 차량의 경우에는 자동차보험 자차담보에서 음주운전사고에 대해 면책규정을 두고 있어서 보상되지 않습니다.

A의 차량 보상

음주운전

자기차량손해 보상 불가 X

5 운전자 A가 술을 마시긴 했으나 혈중알코올농도를 측정해보니 0.045%일 경우에 자동차보험에서도 과연 음주운전일까요? 아닐까요?

이 경우 자동차보험에서는 도로교통법과 동일하게 혈중알코올농도 0.05% 한계치 이상의 음주를 한 경우에만 음주운전으로 규정되어 있기 때문에 한계치 미만, 즉 0.05% 미만일 때에는 음주운전에 해당하지 않습니다.

따라서 음주운전에 해당되지 않고 종합보험에서 모두 보험처리가 가능합니다.

음주 측정 시 알코올 농도가 0.045%일 경우,
0.05% 미만일때 음주운전 사고부담금 없이 보상 가능

A가 중앙선 침범으로 인한 100% 과실일 때의 보상이야기

음주운전

A 차량이 중앙선을 넘어 마주오던 B 차량과 사고가 발생한 경우!
A 차량이 종합보험에 가입되어 있지만,
A 운전자가 혈중알콜 농도 0.06%의 음주운전 상태였다면 관련 보상은?

운전자 B의 보상   B의 차량 보상   혈중알콜 농도 0.06% 운전자 A의 보상   A의 배우자 보상   A의 차량 보상

B

A

음주운전

두 번째 사례는 A가 가족과 함께 A 차량을 이용하여 음주운전(0.06%)을 하다가 중앙선을 넘어서 마주 오던 상대방 차량과 사고가 발생한 경우입니다. (A 차량 종합보험가입)

이런 경우의 보상은 어떻게 될까요?

① 상대방 운전자 B의 보상은?
② B의 차량 보상은?
③ 운전자 A의 보상은?
④ A의 배우자 보상은?
⑤ A의 차량 보상은?

① 상대방 운전자 B의 보상은 어떻게 될까요?

우리는 1장에서 A가 가입한 자동차보험에서 볼 때, B 차량 운전자는 자배법상 피해자, 즉 타인에 해당하기 때문에 A 차량 종합보험 대인배상 I · Ⅱ에서 100% 보상이 이루어진다고 배웠습니다.

그런데, A가 음주운전한 경우에도 보상이 가능할까요?

네, 음주운전이라고 하더라도 **대인배상 I · Ⅱ에서 100% 보상**이 이루어집니다. **다만, A는 A** 차량 보험회사에 **대인배상 I · Ⅱ 음주운전 사고부담금 300만 원을 납부**하여야 합니다.

운전자 B의 보상　　A의 보험회사　　대물배상 I · Ⅱ 100% 보상　　0　　A는 음주운전 사고부담금 300만 원 납부

② B의 차량 보상은 어떻게 될까요?

상대방 차량은 A 차량 **대물보험으로 100% 보상이 가능**합니다. **다만** 이 경우에도 A는 A 차량 보험회사에 **대물배상 음주운전 사고부담금 100만 원을 납부**하여야 합니다.

B의 차량 보상　　A의 보험회사　　대물배상 100% 보상　　0　　A는 음주운전 사고부담금 100만 원 납부

음주운전 사고부담금

음주운전한 A는 A 차량 보험회사에 대인배상Ⅰ·Ⅱ 300만 원, 대물배상 100만 원으로 총 400만 원을 납부해야 합니다. 보험회사에서는 피해자에게 우선 보상을 한 후 음주운전을 한 A에게 400만 원을 구상하게 됩니다.

③ 운전자 A의 보상은 어떻게 될까요?

제1장을 통해 운전자 A가 자손에서 보상이 된다고 배웠습니다. 독자여러분께 다시 한 번 질문을 드리겠습니다.

A가 음주운전을 한 경우에도 자손에서 보상이 이루어질까요?

네, 보상이 가능합니다.

상법에서는 상해보험과 사망보험의 경우에 피보험자의 중과실로 사고가 발생된 경우라 하더라도 고의만 아니었다면 보험금을 지급하도록 강행규정을 두고 있습니다.[1]

---

1) 상법 제732조의2(중과실로 인한 보험사고 등) ① 사망을 보험사고로 한 보험계약에서는 사고가 보험계약자 또는 피보험자나 보험수익자의 중대한 과실로 인하여 발생한 경우에도 보험자는 보험금을 지급할 책임을 면하지 못한다. ; 제739조(준용규정) 상해보험에 관하여는 제732조를 제외하고 생명보험에 관한 규정을 준용한다.

이에 **자동차보험약관에서도** 운전자의 음주운전 등과 같은 중과실로 사고가 발생된 경우라 하더라도 상해보험인 자손에서는 보상하고 있습니다.

> ## Q. 음주운전 시 자손 보상 가능?
> ## A. 자손으로 보상 가능

또한, 자손에서 치료비가 초과되는 경우에는 국민건강보험으로 추가 치료비를 청구할 수 있을까요?

이 경우에는 국민건강보험에서 치료비가 지급되지 않습니다.

> ## Q. 부족한 치료비는?
> ## A. 국민건강보험에 청구 불가능

앞 장에서는 교통사고라 하더라도 국민건강보험으로 치료비를 보상받을 수 있었는데,
왜 이번에는 보상이 안 될까요?

국민건강보험법에서는 보험금 급여 제한 사유로 본인의 중과실로 인한 범죄행위가 있을 때에는 보상하지 않게 되어 있는데, 법원에서는 **교통사고에 있어서 12대 중과실**에 해당하는 정도를 **중과실로 인한 범죄행위로 판단하여 면책**을 하고 있습니다.

이에, 음주운전 사고의 경우 자손에서 치료비가 초과하더라도 국민건강보험으로 보상되지 않습니다.

음주운전사고는 중과실 범죄행위에 해당하므로
국민건강보험의 보상지급 불가

다시 정리해보면 A가 음주운전으로 사고가 발생한 경우에도 자손보험금을 청구할 수 있으나, 초과치료비의 경우 국민건강보험법 급여제한 사유로 인해 보험금이 제한됩니다.

① 음주운전도 자손보험금 청구 가능	② 국민건강보험으로 치료비 불가

4 **A의 배우자 보상은 어떻게 될까요?**

A의 배우자는 A 차량 입장에서 자배법상 타인에 해당되기 때문에 대인배상Ⅰ에서 보상이 가능합니다. 대인배상Ⅱ는 가족면책규정에 따라서 보상되지 않는다고 우리는 같이 배워왔습니다.

그래서 A의 배우자는 **대인배상Ⅰ**과 **자손**에서 **보상**이 가능합니다.

A의 배우자 보상

대인배상Ⅰ 보상 ⭕

대인배상Ⅱ 보상 불가 ❌ 자손보험금 청구 ⭕

대인배상Ⅰ 보상, 대인배상Ⅱ 면책, 자손 보상 가능

그런데 A는 상대방 운전자의 보상을 위한 대인배상I·II, 대물 보험처리를 위해 음주운전 사고부담금 400만 원을 납부하였는데, A의 배우자가 대인배상I로 보상받고자 한다면 **또 다시 음주운전 사고부담금을 납부해야 할까요?**

아닙니다. 음주운전 사고부담금은 1사고당 1회만 납부하면 됩니다.

> **Q. A의 배우자가 대인배상I으로 보상을 받기 위해 A가 사고부담금을 다시 납부해야 하는가?**
>
> **A. 사고부담금은** 1사고당 1회만 납부함

---

⑤ 운전자 A의 차량 보상은 어떻게 될까요?

A의 차량의 경우에는 자동차보험 자차담보에서 **음주운전사고에 대해 면책규정을** 두고 있어서 **보상되지 않습니다.**

A의 차량 보상   음주운전   자기차량손해 보상 불가 ✕

> **Q. 음주운전 시 자차보험금 보상이 가능할까요?**
>
> **A. 자동차보험 약관에 의해** 보상 불가

Chapter 3

교차로에서 쌍방과실 사고가 발생했을 때의 보상이야기

(A 차량 70%, B 차량 30% 과실) **음주운전**

> A 차량이 교차로에서 B 차량과의 쌍방과실로 사고 발생!
> A 차량과 B 차량 모두 종합보험에 가입되어 있지만,
> A 운전자가 혈중알콜 농도 0.06%의 음주운전 상태라면, 관련보상은?

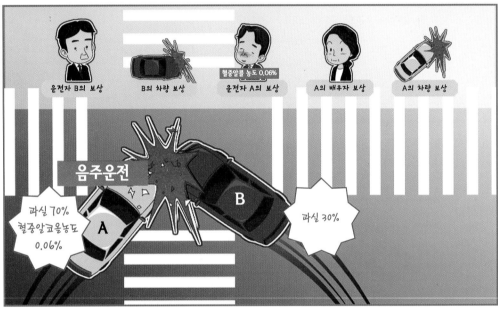

운전자 B의 보상 B의 차량 보상 혈중알콜 농도 0.06% 운전자 A의 보상 A의 배우자 보상 A의 차량 보상

음주운전

과실 70%
혈중알코올농도
0.06%
A

B

과실 30%

세 번째 사례는 A가 가족과 함께 A 차량을 이용하여 음주운전(0.06%)을 하다가 교차로에서 상대방 차량과 쌍방과실 사고가 발생한 경우 보상이야기입니다.
(A 차량 70%, B 차량 30%, A · B 차량 종합보험가입)

이런 경우의 보상은 어떻게 될까요?

① 상대방 운전자 B의 보상은?
② B의 차량 보상은?
③ 운전자 A의 보상은?
④ A의 배우자 보상은?
⑤ A의 차량 보상은?

1 상대방 운전자 B의 보상은 어떻게 될까요?

상대방 운전자 B는 A가 가입한 자동차보험에서 볼 때 피해자, 즉 타인에 해당하기 때문에 A 차량 보험 **대인배상I·II**로 운전자 B의 과실 30%를 공제한 **70%만큼** 보상받을 수 있습니다.

다만, A는 A 차량 보험회사에 대인배상I·II에 대한 **음주운전 사고부담금 300만 원을 납부**하여야 합니다.

> 음주운전의 경우에는 사고부담금 300만 원 납부 시
> **대인 I·II 70% 보상**

그럼 과실 30%만큼 못 받은 운전자 B의 보상은 어떻게 될까요?

1장에서 배운 것처럼 과실만큼 못 받은 보상은 **B 차량 보험회사 자손에서 보상**받을 수 있습니다.

정리해 보면, 운전자 B는 A 차량 보험회사 대인배상I·II에서 70%, B 차량 보험회사 자손에서 30%만큼 보상을 받을 수 있는 겁니다.

운전자 B의 보상

A의 보험회사	B의 보험회사
대인배상I·II 70% 보상	자손보험금 30% 보상

A는 음주운전 사고부담금 300만 원 납부

사례 B 사망 총 손해 3억 원이라면?

답변 1) A 보험 대인배상I·II

= 3억 원 × 70%

= 2억 1천만 원

이 중 300만 원 A에 구상

2) B 보험 자손(한도액 1억 원 가정)

= 3억 원 − 대인배상I·II 보상금 2억 1천만 원

= 9천만 원

②　B의 차량 보상은 어떻게 될까요?

B 차량은 A 차량 **대물보험**으로 운전자 B의 과실 30%를 공제한 **70%만큼** 보상이 됩니다.

다만 이 경우에도 **A는** A 차량 보험회사에 대물배상에 대한 **음주운전 사고부담금 100만 원을** **납부**하여야 합니다.

음주운전의 경우에는 사고부담금 100만 원 납부 시
대물보상 70% 보상

그럼 과실 30%만큼 못 받은 B의 차량 보상은 어떻게 될까요?

못 받은 B의 차량 보상은 **B 차량 보험회사 자차에서** 보상받을 수 있습니다.

정리해보면, B의 차량 보상은 A 차량 보험회사 **대물배상에서 70%**, B 차량 보험회사 **자차에** **서 30%만큼 보상(자기부담금 공제)**을 받을 수 있는 겁니다.

음주운전 사고부담금

음주운전한 A는 A 차량 보험회사에 대인배상Ⅰ·Ⅱ 300만 원, 대물배상 100만 원으로 총 400만 원을 납부해야 합니다. 보험회사에서는 피해자에게 우선 보상을 한 후 음주운전을 한 A에게 400만 원을 구상하게 됩니다.

음주운전 사고부담금		총 400만 원
대인배상Ⅰ·Ⅱ 300만 원	대물배상 100만 원	

사례 A : B = 70% : 30%. B 차량 손해액 2천만 원

답변 1) A 보험 대물배상 보상금

　　　 = 2천만 원 × 70%

　　　 = 1,400만 원 보상

　　※ 단, A에 100만 원 음주운전사고
　　　부담금을 구상하게 되므로 최종적으로는
　　　1,300만 원 보상한 결과가 됨

2) B 보험 자기차량손해 보상금

　　　 = 2천만 원 – 대물보상금 1,400만 원

　　　　　 – 자차 자기부담금 50만 원

　　 = 550만 원

　※ 자차자기부담금은 보험가입조건에 따라 다르
　　지만 대부분 자기부담금 최고 한도액은 50만
　　원임. 이 50만 원은 피보험자 B가 부담.

③ 운전자 A의 보상은 어떻게 될까요?

A는 B 차량 입장에서 볼 때 피해자 즉, 타인에 해당되기 때문에 *B 보험회사 대인배상Ⅰ·Ⅱ*에서 A의 과실 70%를 공제하고 **30%만큼 보상**이 이루어집니다.

혈중알콜 농도 0.06%

운전자 A의 보상

B의 보험회사

대인배상Ⅰ·Ⅱ 30% 보상　*0*

그럼 과실 70%만큼 못 받은 운전자 A의 보상은 어떻게 될까요?

운전자 A의 보상 중 과실 70% 만큼 못 받은 보상은 *A 차량 보험회사 자손*에서 보상받을 수 있습니다.

정리해보면, 운전자 A는 B 차량 보험회사 *대인배상I·II에서 30%*, A 차량 보험회사 *자손에서 70%만큼 보상*을 받을 수 있는 겁니다.

다만, 자손보험금의 한도를 초과한 경우에는 그 *보상한도 내에서만 보상*이 이루어집니다.

- 실제 손해액 내에서 보상
- 자손보험금의 한도 내에서 보상

사례 A 사망 총 손해 3억 원

답변 1) B 보험 대인배상I
    = 3억 원 × 30%
    = 9천만 원
2) A 보험 자손(한도액 1억 원 가정)
    = 3억 원 - 대인배상I 보상금 9천만 원
    = 2억1천만 원 (이 중 한도액 1억 원 보상)

    ※ 나머지 1억1천만 원은 보상받지 못하게 되는 금액임

먼저, A의 배우자 과실은 몇 %일까요?

우리는 1장에서 A의 배우자 과실은 **피해자 측 과실**에 따라 **남편의 과실과 같이 70%**를 동일하게 적용한다고 배웠습니다.

A의 배우자 보상

Q. A의 배우자 과실은 몇 %일까요?

A. A와 동일하게 70%가 적용됨

다시 한번 피해자 측 과실에 대해서 살펴보면, 가족관계에 있는 자가 과실이 있을 때에는 탑승한 가족도 동일하게 과실을 적용하는 것입니다.

> 피해자 측 과실
>
> '가족관계에 있는 자'가 과실이 있을 경우 탑승한 가족도 동일하게 과실을 적용하는 것

그래서, 남편인 A가 70%의 과실이기 때문에 탑승한 배우자도 70%의 과실을 그대로 따라가는 것입니다.

피해자 측 과실

남편 A가 70% 과실일 경우, A의 배우자도 70% 과실이 적용됨

그럼 A의 배우자 보상은 어떻게 될까요?

B 차량 보험회사에서 **대인배상Ⅰ·Ⅱ로 30%만큼 보상**을 받을 수 있으며, **부족한 70%의 보상**은 A 차량 보험회사 **대인배상Ⅰ과 자손보험에서 보상**이 이루어집니다.[1]

이 경우에도, **자손보험금의 경우** 실제 손해액 안에서 보상이 이루어지고 자손보험금 보상한도가 초과했다면 **그 보상 한도 내에서만 보상**이 이루어지는 것입니다.

A의 배우자 보상

B의 보험회사
대인배상 Ⅰ·Ⅱ 30% 보상 ○

A의 보험회사
대인배상 Ⅰ, 자손
70% 보상 ○

• 실제 손해액 내에서 보상
• 자손보험금의 한도 내에서 보상

사례 배우자의 부상등급 1급
- 대인배상Ⅰ 부상 1급 한도액 : 3천만 원
- 자기신체사고 부상 1급 한도액 : 1,500만 원(가정)
- 피해자(A의 배우자)의 총 부상 손해액 : 1억 원
- 피해자(A의 배우자)의 호의동승감액비율 0%로 가정
- A 차량 : B 차량 = 70% : 30%

답변 1) B 보험회사 대인배상Ⅰ·Ⅱ 보상금

   = 1억 원 × 30%

   = 3천만 원

2) A 보험회사 대인배상Ⅰ 보상금

   = 1억 원 × 70%

   = 7천만 원 (이 중 부상 1급 한도액 3천만 원)

3) A 보험회사 대인배상Ⅱ 보상금

   : 없음. 가족 면책

4) A 보험회사 자손 보상금

   = 총 손해액 − 대인배상 보상액

   = 1억 원 − (B 대인 3천만 원 + A 대인 3천만 원)

   = 4천만 원 (자손 1급 한도액 1,500만 원 인정.)

5) 합계액 = 3천만 원 + 3천만 원 + 1,500만 원

          = 7,500만 원

---

[1] A의 배우자 경우, B 차량 입장에서 바라볼 때 피해자 측 과실에 따라 남편과실 70%를 적용받지만, A 차량 입장에서의 가족의 호의동승감액은 통상 0 ~ 30%를 적용받습니다.

⑤ A의 차량 보상은 어떻게 될까요?

마지막으로 A의 차량 보상은 B가 가입한 **대물보험에서 30%의 보상**이 이루어집니다.
그리고 나서 운전자 A가 음주운전을 하지 않았디라면, A 차량이 가입한 자차보험에서 70%의 보상이 이루어질 것입니다.

그러나, 운전자 A가 음주운전을 하였기 때문에 **음주운전 면책규정에 따라 자차보험에서는 면책** 처리됩니다.

A의 차량 보상

B의 보험회사

대물배상 30% 보상　　O

A의 보험회사

자차보험 70%면책　　X

음주운전 시 자차보험금 보상 불가!

A가 가족을 태우고 운전 중 단독사고가 발생한 경우 보상이야기

무면허운전

눈길에 미끄러져 가로수를 충돌한 단독사고!
A 차량은 종합보험에 가입되어 있지만,
A 운전자가 무면허운전 상태라면.관련 보상은?

운전자 B의 보상   A의 배우자 보상   A의 차량 보상   A의 차량 보상

무면허운전

이번에는 무면허운전에 대한 보상이야기를 살펴볼까 하는데요. 앞서 음주운전 사례처럼 첫 번째 단독사고, 두 번째 100% A의 과실사고, 세 번째 교차로에서 발생한 쌍방과실사고에서 운전자 A가 무면허운전을 한 경우 보상관계를 알아보겠습니다.

A가 가족과 함께 A 차량을 이용하여 무면허운전을 하던 중에 눈길에 미끄러져서 가로수를 충격한 단독사고입니다.(종합보험가입)

이런 경우의 보상은 어떻게 될까요?

① 운전자 A의 보상은?
② A의 배우자 보상은?
③ 가로수의 보상은?
④ A의 차량 보상은?

1 운전자 A의 보상은 어떻게 될까요?

운전자 A는 A 차량 보험회사에서 바라볼 때, 불법행위 당사자로 자배법상 타인이 될 수 없어서 대인 배상 I · II에서는 보상되지 않고 오직 자손에서만 보상이 됩니다.

그런데, A가 무면허운전을 한 경우에도 음주운전처럼 자손에서 보상이 이루어 질까요?

네, 보상이 가능합니다.

무면허운전
운전자 A의 보상

대인배상 I, II 보상 불가 **X**

자손 보상 **O**

앞서 말씀드린 것처럼 *상법에서* 상해보험과 사망보험의 경우에 피보험자의 중과실로 사고가 발생된 경우라 하더라도 고의만 아니었다면 보험금을 지급하도록 강행규정[1]을 두고 있다고 말 씀드렸습니다.

이에 자동차보험약관에서도 운전자의 음주운전이나 무면허운전 등과 같은 중과실로 사고가 발 생된 경우라 하더라도 상해보험인 자손에서는 보상하고 있습니다.

Q. 무면허운전 시 자손보험금 청구가 가능할까요?

A. 무면허운전이라도 자손보험금 보상 가능

---

1) 상법 제732조의2(중과실로 인한 보험사고 등) ① 사망을 보험사고로 한 보험계약에서는 사고가 보험계약자 또는 피보험자나 보험수익 자의 중대한 과실로 인하여 발생한 경우에도 보험자는 보험금을 지급할 책임을 면하지 못한다. ; 제739조(준용규정) 상해보험에 관하여 는 제732조를 제외하고 생명보험에 관한 규정을 준용한다.

또한, 자손에서 치료비가 초과되는 경우에는 **국민건강보험으로 추가 치료비를 청구**할 수 있을까요?

이 경우에는 국민건강보험에서 치료비가 지급되지 않습니다.

> **Q. 부족한 치료비는?**
>
> **A. 국민건강보험에 청구** 불가능

국민건강보험법에서는 보험금 급여 제한 사유로 본인의 중과실로 인한 범죄행위가 있을 때에는 보상하지 않게 되어 있는데, 법원에서는 **교통사고에 있어서 12대 중과실**에 해당하는 정도를 **중과실로 인한 범죄행위**로 판단하여 **면책**을 하고 있습니다.

이에, 무면허운전 사고의 경우 자손에서 치료비가 초과하더라도 국민건강보험으로 보상되지 않습니다.

**무면허운전사고는 중과실 범죄행위에 해당하므로
국민건강보험의 보상지급 불가**

다시 정리해보면 A가 음주운전으로 사고가 발생한 경우에도 자손보험금을 청구할 수 있으나, 초과치료비의 경우 국민건강보험법 급여제한 사유로 인해 보험금이 제한됩니다.

① 무면허운전도 자손보험금 청구 가능	② 국민건강보험으로 치료비 불가

② **A의 배우자 보상은 어떻게 될까요?**

A의 배우자는 자배법상 타인에 해당되기 때문에 대인배상I에서 보상이 가능합니다. 대인배상II는 가족면책규정에 따라서 보상되지 않는다고 우리는 같이 배워왔습니다. 그래서 A의 배우자는 **대인배상I과 자손에서 보상**이 가능합니다.

그런데 A가 무면허운전을 하였기 때문에 대인배상I으로 보상처리 시 **A는 무면허운전 사고부담금 300만 원을 납부**해야만 합니다.[1]

따라서 A가 사고부담금 300만 원을 보험회사에 납부하고 A의 배우자가 대인배상I과 자손으로 보상받을 수 있습니다.

Q. A의 배우자의 손해액이 300만 원에 미달하여 A가 무면허운전 사고부담금을 납부하지 않고 대인배상I의 청구를 포기하고 단순히 자손으로만 보상받겠다고 자손보험금만 청구할 수 있을까?

사례 손해액 270만 원. 대인배상I으로도 처리 가능한 금액이고 자손으로도 처리 가능한 금액임. 이 경우 A가 무면허운전 사고부담금을 부담하지 않고 자손으로 270만 원을 처리할 수 있을까?

답변 **자손으로만 처리하는 것은 불가.** 자손보험은 대인배상I에서 보상받을 수 있는 금액을 넘는 손해를 보상하므로, 이 경우 270만 원은 대인배상I으로만 처리되어야 하며, 그 270만 원은 A가 무면허운전 사고부담금으로 납부하여야 함. 결국 A가 납부한 사고부담금으로 배우자가 보상처리되는 결과에 이르며 이 사건은 종결됨.

---

1) 무면허운전 사고부담금이란 피보험자 본인이 무면허운전을 하는 동안에 생긴 사고로 인해 보험회사가 「대인배상Ⅰ」, 「대물배상 강제보험」에서 보험금을 지급하는 경우에 피보험자가 보험회사에 납부하여야 하는 사고부담금을 말함. 1 사고당「대인배상Ⅰ」는 300만 원, 「대물배상 강제보험」은 100만 원임.

③ 가로수의 보상은 어떻게 될까요?

가로수의 경우 A 보험회사에서 대물배상으로 보상을 받을 수 있다고 말씀드린 바 있습니다. 그런데 A가 **무면허운전**을 하여 사고가 발생한 경우에도 **대물배상에서 보상이 될까요?**

네 맞습니다. *A가 무면허운전 사고부담금 100만 원 납부하면 대물배상에서 보상*이 이루어집니다.

다만, 음주운전의 경우에는 사고부담금 100만 원을 납부하고 나면 A가 가입한 대물배상 보상한도 내에서 모두 보상이 이루어지지만, **무면허운전의 경우** 사고부담금 100만 원을 납부하더라도 대물배상 가입한도 금액이 아닌 **대물강제보험 2천만 원까지만 보상**이 이루어집니다.[1]

무면허운전 사고부담금 100만 원 납부시

대물배상 가입금액이 아닌 대물강제보험 2천만 원 까지만 보상 가능

> **무면허운전 사고부담금**
>
> 무면허운전한 A는 A 차량 보험회사에 대인배상Ⅰ 300만 원, 대물배상(강제보험 2천만 원) 100만 원으로 총 400만 원을 납부해야 합니다.

무면허운전 사고부담금		총 400만 원
대인배상Ⅰ 300만 원	대물배상(강제보험 2천만 원) 100만 원	

④ A의 차량 보상은 어떻게 될까요?

A의 차량 경우에는 자동차보험 자차담보에서 **무면허운전사고에 대해 면책규정**을 두고 있어서 보상되지 않습니다.

A의 차량 보상   무면허운전   자기차량손해 보상 불가 ✕

---

1) 예를 들어 대물배상 가입금액이 1억 원일 경우 음주운전 사고일 때는 사고부담금 100만 원을 납부하면 1억 원 한도까지 모두 보상이 이루어지지만, 무면허운전 사고일 때는 대물배상 강제보험 한도인 2천만 원까지만 보상이 가능하다.

Chapter 5

A가 중앙선 침범으로 인한 100% 과실일 때의 보상이야기

무면허운전

중앙선을 넘어 마주오던 B 차량과 사고가 발생한 경우!
A 차량이 종합보험에 가입되어 있지만, A 운전자가 무면허운전 상태였다면 관련보상은?

무면허운전 두 번째 사례는 A가 가족과 함께 A 차량을 이용하여 무면허운전을 하다가 중앙선을 넘어서 마주 오던 상대방 차량과 사고가 발생한 경우입니다. (A 차량 종합보험 가입)

이런 경우의 보상은 어떻게 될까요?

① 상대방 운전자 B의 보상은?
② B의 차량 보상은?
③ 운전자 A의 보상은?
④ A의 배우자 보상은?
⑤ A의 차량 보상은?

① 상대방 운전자 B의 보상은 어떻게 될까요?

제 1장에서 A가 가입한 자동차 보험에서 볼 때, B 차량 운전자는 자배법상 피해자 즉, 타인에 해당하기 때문에 A 차량 종합보험 대인배상 I · II 에서 100% 보상이 이루어진다고 했습니다.

그런데, A가 무면허운전한 경우에도 보상이 가능할까요?

음주운전의 경우에는 A가 A 차량 보험회사에 음주운전 사고부담금 300만 원을 납부하면 대인배상 I · II 에서 보상이 이루어졌습니다.

하지만, 무면허운전의 경우에는 이와 다릅니다.

A가 A 차량 보험회사에 **무면허운전 사고부담금 300만 원을 납부하더라도 대인배상 I 에서만 보상**이 이루어지고 **대인배상 II** 는 무면허운전 면책규정에 의해 **보상되지 않습니다.**

운전자 B의 보상

A의 보험회사

무면허 운전일 경우

| 대인배상 I 보상 | O |
| 대인배상 II 보상 불가 | X |

A는 무면허운전 사고부담금 300만 원 납부

만약, 운전자 A가 무면허운전을 하지 않고 정상운전이였다면, B는 대인배상 II 에서 보상받을 수 있었을 것입니다. 그런데, 운전자 A가 무면허운전을 하여 대인배상 II 를 보상받지 못하게 된거죠.

우리는 2장을 통해 대인배상 II 를 대신하는 보험을 배운 적이 있습니다.

독자여러분 기억나시나요?

바로, 대인배상Ⅱ를 대신하여 보상하는 것이 **무보험자동차상해**입니다.

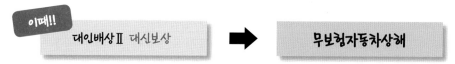

결론적으로 운전자 B는 A 차량 보험회사에서 **대인배상Ⅰ**과 B 차량 보험회사에서 **대인배상Ⅱ**를 대신하는 **무보험자동차상해**로 보상받을 수 있습니다.

자동차보험 실무에서는 통상 B보험회사 무보험자동차상해로 접수할 경우 A 차량 대인배상Ⅰ을 포함하여 모두 보상한 후 대인배상Ⅰ 부분은 A보험회사에, 무보험자동차상해에 대해서는 가해자에게 각각 구상하게 됩니다.

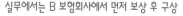
실무에서는 B 보험회사에서 먼저 보상 후 구상

사례 B 사망 총 손해 3억 원. A 무면허운전. A 차량 100%

답변 1) A 보험 대인배상Ⅰ 보상금 = 1억5천만 원
　　　 2) A 보험 대인배상Ⅱ 보상금 = 0원. 무면허운전사고로 면책
　　　 3) B 보험 무보험자동차상해 보상금 = 손해배상금 – 대인배상Ⅰ 보상
　　　　　　　　　　　　　　　　　　 = 3억 원 – 1억5천만 원
　　　　　　　　　　　　　　　　　　 = 1억5천만 원. 보상 후 A에 구상.
　　　 4) B에 대한 보상금 합계액 = 3억 원

② B의 차량 보상은 어떻게 될까요?

상대방 차량은 A 차량 *대물보험*으로 *100% 보상*이 가능합니다.

다만 이 경우에도 A는 A 차량 보험회사에 *무면허운전 사고부담금 100만 원을 납부*하여야 하며, 음주운전과 달리 *대물배상 가입금액이 아닌 대물 강제보험 2천만 원 까지만 보상*이 이루어집니다.

무면허운전 사고부담금 100만 원 납부 시

대물배상 가입금액이 아닌 대물강제보험 2천만 원 한도내 100% 보상 가능

무면허운전 사고부담금

무면허운전한 A는 A 차량 보험회사에 대인배상I 300만 원, 대물배상(강제보험 2천만 원) 100만 원으로 총 400만 원을 납부해야 합니다.

무면허운전 사고부담금		총 400만 원
대인배상I 300만 원	대물배상(강제보험 2천만 원) 100만 원	

그럼 2천만 원을 초과하는 못 받은 B의 차량 보상은 어떻게 될까요?

못 받은 B의 차량 보상은 *B 차량 보험회사 자차*에서 보상 받을 수 있습니다.

*정리해보면, B의 차량 보상은 A 차량 보험회사 대물배상 2천만 원 한도 내에서 100% 보상*이 이루어지며 2천만원을 초과할 경우 B 차량 보험회사 자차에서 보상(자기부담금 공제) 받을 수 있는 겁니다.

B의 차량 보상	A의 보험회사	B의 보험회사
	대물배상 보상 (2천만 원 한도) ○	자기차량손해 보상 (초과손해액) ○

3 운전자 A의 보상은 어떻게 될까요?

운전자 A는 A 차량 보험회사에서 바라볼 때, 불법행위 당사자로 자배법상 타인이 될 수 없어서 대인배상 Ⅰ·Ⅱ에서는 보상되지 않고 오직 자손에서만 보상이 된다고 배웠습니다.

그런데, A가 무면허운전을 한 경우에도 음주운전처럼 자손에서 보상이 이루어 질까요?

네, 보상이 가능합니다.

무면허운전
운전자 A의 보상   대인배상Ⅰ,Ⅱ 보상 불가   X   자손 보상   O

앞서 말씀드린 것처럼 **상법에서** 상해보험과 사망보험의 경우에 피보험자가 중과실로 사고를 발생시킨 경우라 하더라도 고의만 아니었다면 보험금을 지급하도록 강행규정을[1] 두고 있다고 말씀드렸습니다.

이에 자동차보험약관에서는 운전자의 무면허운전이나 음주운전과 같은 중과실에 해당된다고 하더라도 자손에서는 운전자를 보상하고 있습니다.

> **Q. 무면허운전 시 자손보험금 청구가 가능할까요?**
>
> **A. 무면허운전이라도** 자손보험금 보상 가능

---

1) 상법 제732조의2(중과실로 인한 보험사고 등) ① 사망을 보험사고로 한 보험계약에서는 사고가 보험계약자 또는 피보험자나 보험수익자의 중대한 과실로 인하여 발생한 경우에도 보험자는 보험금을 지급할 책임을 면하지 못한다. ; 제739조(준용규정) 상해보험에 관하여는 제732조를 제외하고 생명보험에 관한 규정을 준용한다.

또한, 자손에서 치료비가 초과되는 경우에는 국민건강보험으로 추가 치료비를 청구할 수 있을까요?

이 경우에는 **국민건강보험에서 치료비가 지급되지 않습니다.**

> ## Q. 부족한 치료비는?
> ### A. 국민건강보험에 청구 불가능

국민건강보험법에서는 보험금 급여 제한 사유로 본인의 중과실로 인한 범죄행위가 있을 때에는 보상하지 않게 되어 있는데, 법원에서는 **교통사고에 있어서 12대 중과실에** 해당하는 정도를 **중과실로 인한 범죄행위로 판단하여 면책**을 하고 있습니다.

이에, 무면허운전 사고의 경우 자손에서 치료비가 초과하더라도 국민건강보험으로 보상되지 않습니다.

무면허운전사고는 중과실 범죄행위에 해당하므로
국민건강보험의 보상지급 불가

다시 정리해보면 A가 무면허운전으로 사고가 발생한 경우에도 자손보험금을 청구할 수 있으나, 초과치료비의 경우 국민건강보험법 급여제한 사유로 인해 보험금이 제한됩니다.

① 무면허운전도 자손보험금 청구 가능	② 국민건강보험으로 치료비 불가

A의 배우자는 A 차량 입장에서 자배법상 타인에 해당되기 때문에 대인배상 I 에서 보상이 가능합니다. 대인배상 II 는 가족면책규정에 따라서 보상되지 않는다고 우리는 같이 배워왔습니다.

그래서 A의 배우자는 **대인배상 I**과 **자손**에서 **보상**이 가능합니다.

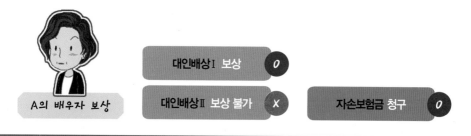

A의 배우자 보상

| 대인배상 I 보상 | O |
| 대인배상 II 보상 불가 | X | 자손보험금 청구 | O |

대인배상 I 보상, 대인배상 II 면책, 자손 보상 가능

그런데 A는 상대방 운전자의 보상을 위한 대인배상 I, 대물배상 보험처리를 위해 무면허운전 사고부담금 400만 원을 납부하였는데, A의 배우자가 대인배상 I으로 보상받고자 한다면 **또 다시 무면허운전 사고부담금을 납부해야 할까요?**

아닙니다. 무면허운전 사고부담금은 음주운전 사고부담금처럼 **1사고 당 1회만 납부**하면 됩니다. 음주운전과 무면허운전을 동시에 한 경우라고 1사고당 1회만 납부하면 됩니다.

> **Q. A의 배우자가 대인배상 I으로 보상을 받기 위해 A가 사고부담금을 다시 납부해야 하는가?**
>
> **A. 사고부담금은 1사고당 1회만 납부함**
>
> ※ 음주운전, 무면허운전을 동시에 한 경우에도 동일함

5 **A의 차량 보상은 어떻게 될까요?**

A의 차량 경우에는 자동차보험 자차담보에서 *무면허운전사고에 대해 면책규정*을 두고 있어서 보상되지 않습니다.

A의 차량 보상   무면허운전   자기차량손해 보상 불가 **X**

Q. 무면허 사고시 자차보상이 가능할까요?

A. 자동차 면책규정에 의해 보상 불가

Chapter 6

교차로에서 쌍방과실 사고가 발생했을 때의 보상이야기

(A 차량 70%, B 차량 30% 과실) **무면허 운전**

교차로에서 B 차량과의 쌍방과실로 사고 발생!
A 차량과 B 차량 모두 종합보험에 가입되어 있지만,
A 운전자가 무면허운전 상태라면, 관련보상은?

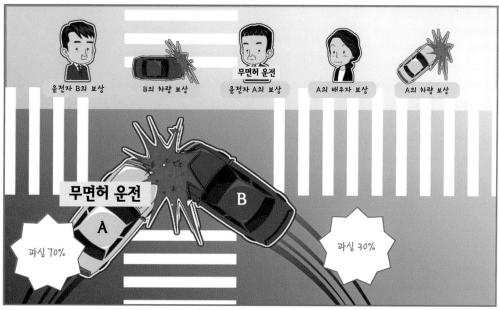

운전자 B의 보상　　B의 차량 보상　　무면허 운전 운전자 A의 보상　　A의 배우자 보상　　A의 차량 보상

무면허 운전

A 과실 70%　　　B 과실 30%

무면허운전 세 번째 사례는 A가 가족과 함께 A 차량을 이용하여 무면허운전을 하다가 교차로에서 상대방 차량과 쌍방과실 사고가 발생한 경우 보상이야기 입니다.
(A 차량 70%, B 차량 30%, A·B 차량 종합보험가입)

이런 경우의 보상은 어떻게 될까요?

① 상대방 운전자 B의 보상은?
② B의 차량 보상은?
③ 운전자 A의 보상은?
④ A의 배우자 보상은?
⑤ A의 차량 보상은?

❶ 상대방 운전자 B의 보상은 어떻게 될까요?

제 1장에서 A가 가입한 자동차 보험에서 볼 때, B 차량 운전자는 자배법상 피해자 즉, 타인에 해당하기 때문에 A 차량 종합보험 대인배상Ⅰ·Ⅱ에서 100% 보상이 이루어진다고 했습니다.

그런데, A가 무면허운전한 경우에도 보상이 가능할까요?

음주운전의 경우에는 A가 A 차량 보험회사에 음주운전 사고부담금 300만 원을 납부하면 대인배상Ⅰ·Ⅱ에서 보상이 이루어졌습니다.

하지만, 무면허운전의 경우에는 이와 다릅니다.

A가 A 차량 보험회사에 **무면허운전 사고부담금 300만 원을 납부하더라도 대인배상Ⅰ에서만 보상**이 이루어지고 **대인배상Ⅱ**는 무면허운전 면책규정에 의해 **보상되지 않습니다.**

만약, 운전자 A가 무면허운전을 하지 않고 정상운전이었다면, B는 대인배상Ⅱ에서 보상받을 수 있었을 것입니다. 그런데, 운전자 A가 무면허운전을 하여 대인배상Ⅱ를 보상받지 못하게 된거죠.

우리는 2장을 통해 대인배상Ⅱ를 대신하는 보험을 배운 적이 있습니다.

독자여러분 기억나시나요?

바로, **대인배상Ⅱ**를 대신하여 보상하는 것이 **무보험자동차상해**입니다.

그래서, 운전자 B는 A 차량 보험회사에서 **대인배상Ⅰ**과 B 차량 보험회사에서 **대인배상Ⅱ**를 대신하는 **무보험자동차상해**로 본인과실 30%를 공제한 **70%만큼** 보상받을 수 있습니다.

그럼 과실 30%만큼 못 받은 운전자 B의 보상은 어떻게 될까요?

1장에서 배운 것처럼 과실만큼 못 받은 보상은 **B 차량 보험회사 자손**에서 보상받을 수 있습니다.

결론적으로, 운전자 B는 A 차량 보험회사 **대인배상Ⅰ**과 B 차량 보험회사 **무보험자동차상해**로 본인과실 30%를 공제한 **70%만큼** 보상을 받을 수 있으며, 본인과실만큼 못 받은 보상은 B 차량 보험회사 **자손에서 30%만큼** 보상을 받을 수 있는 겁니다.

> **사례** B 사망 총 손해 3억 원이라면
> **답변** 1) A 보험 대인배상I 보상금 = 1억5천만 원 A 보험 대인배상I
> = 3억 원 × 70%
> = 2억 1천만 원 (한도액 1억5천만 원 인정)
> 2) A 보험 대인배상II : 면책. 피보험자 A의 무면허운전 때문.
> 3) B 보험 무보험자동차상해 보상금 = 대인배상II 보상금 산정방법과 거의 동일
> = 손해배상금 − 대인배상보상금
> = 3억 원 × 70% − A 보험 대인배상I 1억5천만 원
> = 6천만 원. 보상 후 A에 전액 구상
> 4) B 보험 자손(한도액 1억 원 가정) = 3억 원 − 대인배상I 1억5천만 원 − 무보험자동차상해 보상금 6천만 원
> = 9천만 원

② B의 차량 보상은 어떻게 될까요?

B의 차량은 A 차량 **대물보험**으로 운전자 B의 과실 30%를 공제한 **70%만큼 보상**이 됩니다.

다만 이 경우에도 **A는** A 차량 보험회사에 **대물배상에 대한 무면허운전 사고부담금 100만 원**을 **납부**하여야 하며, 음주운전과 달리 **대물배상 가입금액이 아닌 대물 강제보험 2천만 원 까지만 보상**이 이루어집니다.

무면허운전 사고부담금 100만 원 납부 시
대물배상 가입금액이 아닌 대물강제보험 2천만 원 한도내 100% 보상 가능

> **무면허운전 사고부담금**
> 무면허운전한 A는 A 차량 보험회사에 대인배상I 300만 원, 대물배상(강제보험 2천만 원) 100만 원으로 총 400만 원을 납부해야 합니다.

무면허운전 사고부담금

| 대인배상I 300만 원 | 대물배상(강제보험 2천만 원) 100만 원 | 총 400만 원 |

그럼 과실 30%만큼(또는 2천만 원을 초과하는) 못 받은 B의 차량 보상은 어떻게 될까요?

못 받은 B의 차량 보상은 **B 차량 보험회사 자차에서 보상** 받을 수 있습니다.

정리해보면, B의 차량 보상은 A 차량 보험회사 **대물배상 2천만 원 한도 내에서 70%**, B 차량 보험회사 **자차에서 30%만큼 보상(자기부담금 공제)**을 받을 수 있는 겁니다.

B의 차량 보상

A의 보험회사
대물배상 70% 보상
(2천만 원 한도) ◑

B의 보험회사
자기차량손해 30% 보상 ◑

---

③ 운전자 A의 보상은 어떻게 될까요?

A는 B 차량 입장에서 볼 때 피해자 즉, 타인에 해당되기 때문에 **B 보험회사 대인배상Ⅰ·Ⅱ**에서 A의 과실 70%를 공제하고 **30%만큼 보상**이 이루어집니다.

무면허운전
운전자 A의 보상

B의 보험회사
대인배상Ⅰ·Ⅱ 30% 보상 ◑

그럼 과실 70%만큼 못 받은 운전자 A의 보상은 어떻게 될까요?

운전자 A의 보상 중 과실 70%만큼 못 받은 보상은 **A 차량 보험회사 자손**에서 보상받을 수 있습니다.

정리해보면, 운전자 A는 B 차량 보험회사 **대인배상Ⅰ·Ⅱ에서 30%,** B 차량 보험회사 **자손에서 70%만큼** 보상을 받을 수 있는 겁니다.

다만, 자손보험금의 한도를 초과한 경우에는 그 **보상한도 내에서만** 보상이 이루어집니다.

무면허운전
운전자 A의 보상

B의 보험회사	
대인배상Ⅰ·Ⅱ 30% 보상	**0**

A의 보험회사	
자손 70% 보상	**0**

• 실제 손해액 내에서 보상
• 자손보험금의 한도 내에서 보상

사례 A 사망 총 손해 3억 원

답변 1) B 보험 대인배상Ⅰ
　　　　 = 3억 원 × 30%
　　　　 = 9천만 원
　　　2) A 보험 자손(한도액 1억 원 가정)
　　　　 = 3억 원 – 대인배상Ⅰ 보상금 9천만 원
　　　　 = 2억1천만 원 (이 중 한도액 1억 원 보상)

　　　　 ※ 나머지 1억1천만 원은 보상받지 못한게 되는 금액임

---

④ A의 배우자 보상은 어떻게 될까요?

먼저, A의 배우자 과실은 몇 %일까요?

우리는 1장에서 A의 배우자 과실은 **피해자 측 과실**에 따라 **남편의 과실과 같이 70%**를 동일하게 적용한다고 배웠습니다.

A의 배우자 보상

Q. A의 배우자 과실은 몇 %일까요?

A. A와 동일하게 70%가 적용됨

다시 한 번 피해자 측 과실에 대해서 살펴보면, 가족관계에 있는 자가 과실이 있을 때에는 탑승한 가족도 동일하게 과실을 적용하는 것입니다.

> **피해자 측 과실**
>
> '가족관계에 있는 자'가 과실이 있을 경우 탑승한 가족도 동일하게 과실을 적용하는 것

그래서, 남편인 A가 70%의 과실이기 때문에 탑승한 배우자도 70%의 과실을 그대로 따라가는 것입니다.

피해자 측 과실

남편 A가 70% 과실일 경우, A의 배우자도 70% 과실이 적용됨

그럼 A의 배우자 보상은 어떻게 될까요?

B 차량 보험회사에서 **대인배상Ⅰ·Ⅱ로 30%만큼** 보상을 받을 수 있으며, **부족한 70%**의 보상은 A 차량 보험회사 **대인배상Ⅰ과 자손보험에서 보상**이 이루어집니다.[1]

이 경우에도, **자손보험금의 경우** 실제 손해액 안에서 보상이 이루어지고 자손보험금 보상한도가 초과했다면 **그 보상 한도 내에서만 보상**이 이루어지는 것입니다.

A의 배우자 보상

B의 보험회사

대인배상 Ⅰ·Ⅱ 30% 보상 ○

A의 보험회사

대인배상 Ⅰ, 자손
70% 보상 ○

• 실제 손해액 내에서 보상
• 자손보험금의 한도 내에서 보상

사례 배우자의 부상등급 1급

- 대인배상Ⅰ 부상 1급 한도액 : 3천만 원
- 자기신체사고 부상 1급 한도액 : 1,500만 원(가정)
- 피해자(A의 배우자)의 총 부상 손해액 : 1억 원
- 피해자(A의 배우자)의 호의동승감액비율 0%로 가정
- A 차량 : B 차량 = 70% : 30%

답변 1) B 보험회사 대인배상Ⅰ·Ⅱ 보상금

= 1억 원 × 30%

= 3천만 원

2) A 보험회사 대인배상Ⅰ 보상금

= 1억 원 × 70%

= 7천만 원 (이 중 부상 1급 한도액 3천만 원)

3) A 보험회사 대인배상Ⅱ 보상금

: 없음. 가족 면책

4) A 보험회사 자손 보상금

= 총 손해액 − 대인배상 보상액

= 1억 원 − (B 대인Ⅰ·Ⅱ 3천만 원 + A 대인Ⅰ 3천만 원)

= 4천만 원 (자손 1급 한도액 1,500만 원 인정.)

5) 합계액 = 3천만 원 + 3천만 원 + 1,500만 원

= 7,500만 원

---

1) A의 배우자 경우, B 차량 입장에서 바라볼 때 피해자 측 과실에 따라 남편과실 70%를 적용받지만, A 차량 입장에서의 과실은 1차시에 배운 것처럼 호의동승감액 통상 0% ~ 30%를 적용받습니다.

5 A의 차량 보상은 어떻게 될까요?

마지막으로 A의 차량 보상은 B가 가입한 **대물보험에서 30%의 보상**이 이루어집니다.

그리고 나서 운전자 A가 무면허운전을 하지 않았더라면, A 차량이 가입한 자차보험에서 70%의 보상이 이루어질 것입니다.

그러나, 운전자 A가 무면허운전을 하였기 때문에 **무면허운전 면책규정에 따라 자차보험에서는 면책** 처리됩니다.

A의 차량 보상

B의 보험회사
대물배상 30% 보상 **O**

A의 보험회사
자차보험 70%면책 **X**

무면허운전 시 자차보험금 보상 불가!

사례설명

  연말 송년회 모임을 가게 된 A씨, A씨는 친구들과 즐겁게 술을 마셨습니다. 술자리가 끝난 후 집에 가려던 A씨는 술에 취한 탓에 판단력이 흐려져 그만 음주운전을 하고 말았습니다. 겨울이라 눈이 많이 내리고 있던 탓에 결국 A씨는 눈길에 차가 미끄러져 단독사고가 발생하게 되었고 차량 일부가 파손되었을 뿐 아니라, 본인의 얼굴에 흉터가 생기고 허리를 삐끗하여 부상을 입게 되었습니다.

2011년도 12월 필자가 직접 상담한 실제 사례입니다. 동네에서 같이 운동하는 지인분이시고 형님처럼 생각하는 분이신데 이 분이 하루는 음주운전으로 단독사고가 발생하여 차량도 파손되고 또 본인의 눈 밑에 상처가 생겨 치료를 받고 있었습니다.

사고가 발생한지 일정 시간이 지난 다음이었기 때문에 필자는 전혀 모르는 상태였는데 모임에서 음주운전으로 눈길에 미끄러져 사고를 당했다는 이야기를 듣게 되었습니다.

그래서 "형님 어떻게 보상은 좀 받으셨어요?"라고 물어봤더니, "내가 좀 알아보니까 음주운전은 보상이 안 된다고 하던데?"라며 보험금을 청구하지 않았다는 겁니다. 필자는 "형님 그렇지 않습니다. 차량은 음주운전의 경우에 보상되지 않지만, 자손의 경우에는 사람의 신체를 담보하는 상해보험이기 때문에 상법의 강제규정에 따라 보험금을 지급해야하며 이에 보험금을 청구할 수 있습니다."라고 말씀 드렸습니다. 사고 이후부터 6개월이 한참 흘렀지만 뒤늦게라도 자손보험금을 청구할 수 있다는 사실을 알게 되어 치료비와 후유장해보험금을 받게 된 실제 사례가 있었습니다.

Q : 음주운전사고는 보상이 불가능할까?

- 상법의 강행규정으로 상해보험금 지급
- 사고 후 6개월 지난 시점에서 자손보험금 청구
- 치료비와 후유장애보험금 보상

또한, 실무에서는 음주운전을 했다는 확인서만 가지고 자차보험금도 면책하는 경우가 종종 있습니다. 하지만 이는 보험회사의 잘못된 처사인 것 같습니다. 자차보험금을 면책하려면 그 음주운전 상태가 혈중알코올농도 0.05% 한계치 이상의 수치가 입증되었을 때에만 음주운전사고로 보아 자차보험금을 면책할 수 있으며, 단순히 술을 먹었다는 확인서만 가지고는 자차 보험금을 면책할 수 없습니다.

우리 법원에서는 완전히 만취 상태였다는 정황증거가 있다면 자차보험금도 면책할 수 있으나 단순히 술을 먹었다는 이유로 자차보험금을 면책할 수 없다고 판시하고 있습니다. 따라서 술을 먹고 일정 시간이 지난 다음에 수치가 확인되지 않았다면 자차보험금도 대법원의 판결에 따라서 보험금을 청구할 수 있겠습니다.

보험회사의 잘못된 처사

음주운전엔 차자보험금은 지급이 안됩니다.

네???

보험회사 직원

음주운전자

- 음주운전확인서로 자차보험금을 면책하는 것은 보험회사의 잘못된 처사
- 술을 먹었다는 확인서만으로는 자차보험금을 면책할 수 없음
- 0.05한계치 이상의 수치가 입증될 때에만 음주운전으로 인정
- 0.05한계치 이상의 술을 먹었다는 것을 보험사가 입증해야만 면책할 수 있음

음주운전 및 무면허운전 면·부책

구 분	음주운전	무면허운전
대인배상 Ⅰ	부책 (사고부담금 300만 원)	부책 (사고부담금 300만 원)
대인배상 Ⅱ		면책
대물(강제) 2천만 원	부책 (사고부담금 100만 원)	부책 (사고부담금 100만 원)
대물(임의)		면책
자기신체사고	부책	부책
무보험자동차상해	부책	부책
자기차량손해	면책	면책
운전자보험	• 벌금, 방어비용, 형사합의금 : 면책 • 생계비, 사망, 상해, 의료비 : 부책	

" 최저 사망보험금 2천만 원 "

Q. 피해자가 사망하여 그 총 손해액이 2,000만 원 미만이라면?

A. 과실이 아무리 많아도, 사고기여도가 아무리 낮아도 최저 사망보험금 2,000만 원은 지급

> 과실 빼고 치료비 공제하고. 에휴.

> 최저 사망보험은 2천만 원!!

Part. 3의 전문가 Key Note 제목은 '최저 사망보험금 2,000만 원'에 대한 것입니다.

피해자가 사망하여 손해액을 산정함에 있어서 피해자의 과실과 사고기여도 등을 적용하게 되어 있는데, 피해자의 과실이 아무리 많아도, 피해자가 기왕증 등이 있어 사고기여도가 아무리 낮아도 피해자에게 최저 사망보험금 2,000만 원 까지는 지급해야 한다는 규정입니다.

자동손해배상보장법에서는 사망사고의 경우 피해자의 최소한의 보장을 위해 '그 손해액이 2천만 원 미만인 경우에도 2천만 원으로 한다'고 규정하고 있어 어떠한 경우에도 사망보험금이 2천만 원 이하로 내려갈 수 없고 반드시 2천만 원까지는 지급하게 되어 있습니다.

PART 04

정부보장사업,
무보험자동차상해에서
보상하는 자동차 범위

여러분은 제4장까지 오셨습니다. 여기까지 오시느라 많이 고생하셨습니다. 제1장에서는 대인배상 Ⅰ·Ⅱ, 대물배상, 자손, 자차의 보상이야기, 제2장에서는 정부보장사업과 무보험자동차상해의 보상이야기, 그리고 제3장에서는 음주운전, 무면허운전 사고 보상이야기에 대해서 사고유형별로 보상 흐름도를 알아보았습니다.

1장	대인배상 Ⅰ, Ⅱ 대물배상, 자손, 자차 보험이야기
2장	정부보장사업, 무보험자동차상해 보상이야기
3장	음주운전, 무면허운전 사고 보상이야기

자, 이번 시간에는 '정부보장사업, 무보험자동차상해에서 보상하는 자동차 범위는?'이라는 제목입니다.

정부보장사업, 무보험자동차상해에서 보상하는 자동차 범위

우리는 2장을 통해 가해차량이 책임보험도 가입하지 않은 무보험차량이거나 또는 뺑소니 사고일 때의 보상에 대해서 배웠습니다.

바로 대인배상Ⅰ을 대신하는 정부보장사업과 대인배상Ⅱ를 대신하는 무보험자동차상해입니다.

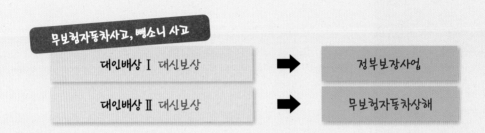

무보험자동차사고, 뺑소니 사고

대인배상 Ⅰ 대신보상	➡	정부보장사업
대인배상 Ⅱ 대신보상	➡	무보험자동차상해

그런데, 이번시간에 나눌 보상이야기는 가해차량에 대한 내용입니다. 즉, 가해차량이 어떤 종류의 차량이냐에 따라 정부보장사업 및 무보험자동차상해 보상의 면·부책이 달라집니다.

| 정부보장사업 보상 | X | | 정부보장사업 보상 | O |
| 무보험자동차상해 보상 | X | | 무보험자동차상해 보상 | O |

66 가해차량의 종류에 따라 달라지는 면·부책 99

만약, 가해차량(무보험자동차 or 뺑소니차)이 타이어식 굴삭기 또는 무한궤도식 굴삭기라면 가해차량을 대신하여 정부보장사업과 무보험자동차상해의 보상은 어떻게 될까요?

또는 가해차량(무보험자동차 or 뺑소니차), 오토바이, 경운기, 자전거라면 정부보장사업과 무보험자동차상해의 보상은 어떻게 될까요?

이런 경우에는 정부보장사업과 무보험자동차상해의 보상이 어떻게 되는지 독자여러분과 같이 배워보도록 하겠습니다.

자, 문제를 먼저 풀어보겠습니다.

O/X QUIZ 피해자가 경운기(무보험자동차 or 뺑소니차)에 사고를 당한 경우 보상관계는?

① 정부보장사업   (   )
② 무보험자동차상해   (   )

정답 X / O

해설 경운기의 경우 정부보장사업에서 보상하는 자동차에 해당되지 않기 때문에 정부보장사업에서는 보상되지 않음. 다만, 무보험자동차상해에서 보상하는 자동차에 해당되어 무보험자동차상해에서는 보상됨

A가 운전 중 '50cc 이상 이륜자동차'에 뺑소니를 당한 경우
또는 그 오토바이가 무보험차량인 경우 A의 보상 및 A 차량의 보상관계는?

정부보장사업과 무보험자동차상해에서 보상하는 자동차의 범위를 알아보기 위해서 세 가지의 큰 주제를 준비했습니다. 그 중 첫 번째 주제는 이륜자동차사고에 대한 것입니다.

피해자 A가 50cc 이상의 이륜자동차에 뺑소니를 당했거나 혹은 오토바이가 무보험이었다면 보상은 어떻게 될까요?

이런 경우의 보상은 어떻게 될까요?

① 운전자 A의 보상은?
② A의 차량 보상은?

정부보장사업과 무보험자동차상해에서 보상되려면 **두 가지를 검토**해야 합니다.

첫 번째는 가해자가 있는 사고인지? 아니면 단독사고인지?
두 번째는 가해차량이 정부보장사업과 무보험자동차상해에서 보상하는 자동차 범위에 해
당되는지?

① 운전자 A의 보상은 어떻게 될까요?

A의 보상을 살펴볼 건데요. A가 운전을 하고 가는데 50cc 이상의 오토바이가 와서 쿵 박고
도망간 뺑소니일 경우 또는 그 오토바이가 책임보험도 가입하지 않은 무보험차량일 경우 정부
보장사업과 무보험자동차상해에서 A가 보상받을 수 있을까요?

운전자 A의 보상

정부보장사업 보상 가능?

무보험자동차상해 보상 가능?

A의 보상을 검토하기 위해 위의 **두 가지 질문**을 알아보겠습니다.

첫 번째, 가해자가 있는 사고인가요? 네 맞습니다. 50cc 이상 오토바이가 가해자죠.
두 번째, 50cc 이상의 오토바이는 정부보장사업과 무보험자동차상해에서 보상하는 자동차
범위에 포함될까요? 만약, 자동차의 범위에 포함이 되면 각각 보상이 가능할 것이며, 자동차
의 범위에 포함되지 않는다면 보상되지 않을 것입니다.

정답은 50cc 이상 오토바이는 정부보장사업과 무보험자동차상해에서 보상하는 **자동차 범위에 모두 포함**됩니다.

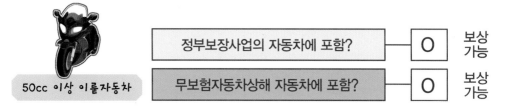

50cc 이상 이륜자동차

정부보장사업의 자동차에 포함?	O	보상 가능
무보험자동차상해 자동차에 포함?	O	보상 가능

따라서 두 곳 모두 보상이 가능합니다.

다시 한번 정리하면, 가해차량의 대인배상 I을 대신해서 정부보장사업에서, 대인배상 II를 대신해서 무보험자동차상해에서 보상이 이루어지는 것입니다.

이를 보상을 보험회사는 가해자에게 모두 구상하게 됩니다.

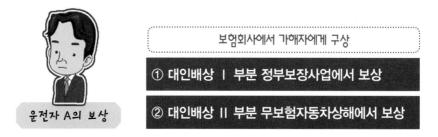

운전자 A의 보상

보험회사에서 가해자에게 구상

① 대인배상 I 부분 정부보장사업에서 보상

② 대인배상 II 부분 무보험자동차상해에서 보상

사례 오토바이 : A차량 = 60% : 40% / A 사망 총 손해 4억 원

답변 1) 정부보장사업 보상액
= 4억 원 × 60% = 2.4억 원
이 중 한도액 1.5억 원 보상
오토바이에 구상

2) 무보험자동차상해 보상액
= 4억 원 × 60% − 1.5억 원
= 9천만 원
오토바이에 구상

---

② A의 차량 보상은 어떻게 될까요?

가해차량으로 인해 A 차량도 파손되었는데 운전자 A가 보상된다면, A 차량도 보상받을 수 있지 않을까요?

정부보장사업과 무보험자동차상해는 대인배상Ⅰ과 대인배상Ⅱ를 대신하는 보험일 뿐, **물적 손해는 보상하고 있지 않습니다.** 따라서 A차량은 정부보장사업과 무보험자동차상해에서는 보상되지 않습니다.

A의 차량 보상

Q. 정부보장사업과 무보험자동차상해에서 A의 차량도 보상이 되나요?

A. 물적손해는 보상 불가

다만, A가 가입한 종합보험 중 자차가 가입되어 있다면 **자차보험에서 보상**받을 수 있으며, 이를 보상한 보험회사는 **가해자에게 모두 구상**합니다.

자차 가입시 .

A 보험회사에서 자차에서 보험금을 수령 A 보험회사에서 가해자에게 구상

사례 오토바이 : A차량 = 60% : 40%
A차량 수리비 1,000만 원, A차량의 자차보험 자기부담금 50만 원일 때

답변 1) 보상방법 1
　① 먼저 자차보험에서 950만 원 보상 후
　② 오토바이에 600만 원(=1천만 × 60%) 구상
　③ 최종부담 결과는 오토바이 600만 원, 자차보험 350만 원, A 50만 원
2) 보상방법 2
　① 먼저 오토바이로부터 600만 원 배상받으면
　② 나머지 400만 원 중 자차보험에서 350만 원 부담하고
　③ 자기부담금 50만 원은 A가 부담.

A가 운전 중 '이륜자동차'에 뺑소니를 당한 경우
또는 무보험차량인 경우

50cc 이하 이륜자동차

A가 운전 중 '50cc 이하 이륜자동차'에 뺑소니를 당한 경우
또는 무보험차량인 경우 A의 보상 및 A 차량의 보상관계는?

운전자 A의 보상   A의 차량 보상

50cc 이하 이륜자동차
무보험 or 뺑소니

운전자 A가 50cc 이하의 이륜자동차에 뺑소니를 당했거나 혹은 오토바이가 무보험이였다면
보상은 어떻게 될까요?

이런 경우의 보상은 어떻게 될까요?

① 운전자 A의 보상은?
② A의 차량 보상은?

1 운전자 A의 보상은 어떻게 될까요?

가해차량인 50cc 이하 오토바이가 뺑소니 사고를 낸 경우, 또는 그 오토바이가 책임보험도 가입하지 않은 무보험차량일 경우, A는 정부보장사업과 무보험자동차상해에서 보상받을 수 있을까요?

다시 한 번 A의 보상을 검토하기 위해 위의 **두 가지 질문**을 알아보겠습니다.

첫 번째, 가해자가 있는 사고인가요? 네 맞습니다. 50cc 이하 오토바이가 가해자죠.
두 번째, 50cc 이하의 오토바이는 정부보장사업과 무보험자동차상해에서 보상하는 자동차 범위에 포함될까요? 만약, 자동차의 범위에 포함이 되면 각각 보상이 가능할 것이며, 자동차의 범위에 포함되지 않는다면 보상되지 않을 것입니다.

정답은 50cc 이하 오토바이는 정부보장사업과 무보험자동차상해에서 보상하는 **자동차 범위에 모두 포함**됩니다.

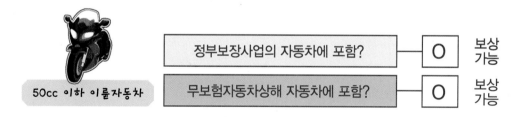

따라서 두 군데 모두 보상이 가능합니다.
다시 한번 정리하면, 가해차량의 대인배상Ⅰ을 대신해서 정부보장사업으로 대인배상Ⅱ를 대신해서 무보험자동차상해에서 보상이 이루어지는 것입니다.

이 보상을 보험회사는 가해자에게 모두 구상하게 됩니다.

운전자 A의 보상

보험회사에서 가해자에게 구상

① 대인배상 Ⅰ 부분 정부보장사업에서 보상

② 대인배상 Ⅱ 부분 무보험자동차상해에서 보상

과거에는 50cc 이하 이륜자동차는 자동차 관리법상 자동차에 포함되지 않아서 정부보장사업 자동차 범위에는 해당되지 않았습니다. 그러나 2012년도 법 개정으로 50cc 이하 이륜자동차도 의무 보험(강제 보험) 가입이 의무화되면서 정부보장사업에서 보장되고 있습니다.

과거에는 50cc 이하 이륜자동차는 정부보장사업에 포함되지 않음 50cc 이하 이륜자동차도 정부보장사업에서 보장

② A의 차량 보상은 어떻게 될까요?

가해자 차량으로 인해 A 차량도 파손되었는데 운전자 A가 보상된다면, A 차량도 보상받을 수 있지 않을까요?

정부보장사업과 무보험자동차상해는 대인배상Ⅰ과 대인배상Ⅱ를 대신하는 보험으로 **물적손해는 보상하고 있지 않습니다.** 따라서, A 차량은 정부보장사업과 무보험자동차상해에서는 보상되지 않습니다.

A의 차량 보상

Q. 정부보장사업과 무보험자동차상해에서 A의 차량도 보상이 되나요?

A. **물적손해는** 보상 불가

다만, A가 가입한 종합보험 중 자차가 가입되어 있다면 **자차보험에서 보상**받을 수 있으며, 이를 보상한 보험회사는 가해자에게 모두 구상합니다.

자차 가입시...

A 보험회사에서 자차에서 보험금을 수령 A 보험회사에서 가해자에게 구상

A가 운전 중 '타이어식 굴삭기, 무한궤도식 굴삭기, 경운기'에 뺑소니를 당한 경우 또는 무보험차량인 경우

타이어식 굴삭기 등 (9종 건설기계)

'타이어식, 굴삭기 등 9종 건설기계'에
뺑소니를 당한 경우 또는 무보험차량인 경우 A의 보상 여부는?

운전자 A의 보상   A의 차량 보상

타이어식 굴삭기 등 (9종 건설기계)
무보험 or 뺑소니

이번에는 두 번째 주제로 타이어식 굴삭기 등 9종 건설기계와, 무한궤도식 굴삭기 등 건설기계, 마지막으로 경운기 등 농업기계 차량에 대해서 알아보겠습니다.

운전자 A가 타이어식 굴삭기 등 9종 건설기계[1]에 뺑소니를 당했거나 혹은 무보험차량에 사고를 당했다면 보상은 어떻게 될까요?

이런 경우의 보상은 어떻게 될까요?

① 운전자 A의 보상은?
② A의 차량 보상은?

---

1) 9종 건설기계는 자동차배상보장법 시행령에 의해 건설기계 중 책임보험을 의무적으로 가입해야 하는 건설기계를 말합니다. 2015년 2월 6일자로 과거 6종 건설기계에서 9종 건설기계로 확대되었습니다. 9종 건설기계는 덤프트럭, 타이어식 기중기, 콘크리트믹서트럭, 트럭적재식 콘크리트펌프, 트럭적재식 아스팔트살포기, 타이어식 굴삭기, 트럭지게차, 도로보수트럭, 노면측정장비입니다.

① A의 보상은 어떻게 될까요?

 가해차량인 타이어식 굴삭기(9종 건설기계)가 뺑소니 사고를 낸 경우, 또는 그 타이어식 굴삭기(9종 건설기계)가 책임보험도 가입하지 않은 무보험차량일 경우, A는 정부보장사업과 무보험자동차상해에서 보상받을 수 있을까요?

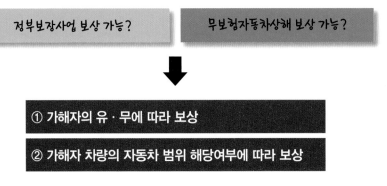

 다시 한 번 A의 보상을 검토하기 위해 위의 **두 가지 질문**을 알아보겠습니다.

 첫 번째, 가해자가 있는 사고인가요? 네 맞습니다. 이번 사고는 타이어식 굴삭기 등(9종 건설기계)이 가해자죠.
 두 번째, 타이어식 굴삭기 등(9종 건설기계)은 정부보장사업과 무보험자동차상해에서 보상하는 자동차 범위에 포함될까요? 만약, 자동차의 범위에 포함이 되면 각각 보상이 가능할 것이며, 자동차의 범위에 포함되지 않는다면 보상되지 않을 것입니다.

 타이어식 굴삭기 등(9종 건설기계)은 정부보장사업과 무보험자동차상해에서 보상하는 **자동차 범위에 모두 포함됩니다.**

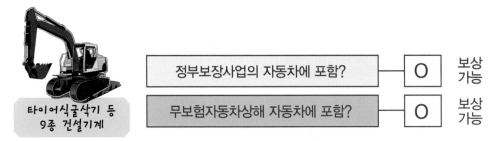

따라서 두군데 모두 보상이 가능합니다.

다시 한번 정리하면, 가해차량의 대인배상Ⅰ을 대신해서 정부보장사업으로 대인배상Ⅱ를 대신해서 무보험자동차상해에서 보상이 이루어지는 것입니다.

이 보상을 보험회사는 가해자에게 모두 구상하게 됩니다.

운전자 A의 보상

보험회사에서 가해자에게 구상

① 대인배상 Ⅰ 부분 정부보장사업에서 보상

② 대인배상 Ⅱ 부분 무보험자동차상해에서 보상

② A의 차량 보상은 어떻게 될까요?

가해차량으로 인해 A 차량도 파손되었는데 운전자 A가 보상된다면, A 차량도 보상받을 수 있지 않을까요?

정부보장사업과 무보험자동차상해는 대인배상Ⅰ과 대인배상Ⅱ를 대신하는 보험으로 **물적손해는 보상하고 있지 않습니다.** 따라서, A 차량은 정부보장사업과 무보험자동차상해에서는 보상되지 않습니다.

A의 차량 보상

Q. 정부보장사업과 무보험자동차상해에서 A의 차량도 보상이 되나요?

A. 물적손해는 보상 불가

다만, A가 가입한 종합보험 중 자차가 가입되어 있다면 **자차보험에서 보상**받을 수 있으며, 이를 보상한 보험회사는 **가해자에게 모두 구상**합니다.

자차 가입시 ...

A 보험회사에서 자차에서 보험금을 수령 A 보험회사에서 가해자에게 구상

Q. 9종 건설기계란 무엇인가요?

* 2014년 2월 6일부터 3가지(⑦, ⑧, ⑨)가 추가 됨

① 덤프트럭

② 타이어식 기중기

③ 콘크리트 믹서 트럭

④ 트럭적재식 콘크리트 펌프

⑤ 트럭적재식 아스팔트살포기

⑥ 타이어식 굴삭기

⑦ 트럭 지게차

⑧ 도로보수트럭

⑨ 노면측정장비

A가 운전 중 '타이어식 굴삭기, 무한궤도식 굴삭기, 경운기'에 뺑소니를 당한 경우 또는 무보험차량인 경우

무한궤도식 굴삭기 등 (일반건설기계)

'무한궤도식 굴삭기 등 (일반건설기계)'에 뺑소니를 당한 경우 또는 무보험차량인 경우 A의 보상 여부는?

운전자 A의 보상

A의 차량 보상

무한궤도식 굴삭기 등 (일반건설기계)
무보험 or 뺑소니

운전자 A가 무한궤도식 굴삭기 등 일반건설기계에 뺑소니를 당했거나 혹은 무보험차량에 사고를 당했다면 보상은 어떻게 될까요?

이런 경우의 보상은 어떻게 될까요?

① 운전자 A의 보상은?
② A의 차량 보상은?

① A의 보상은 어떻게 될까요?

 가해차량인 무한궤도식 굴삭기 등(일반건설기계)이 뺑소니 사고를 낸 경우, 또는 그 무한궤도식 굴삭기 등(일반건설기계)이 책임보험도 가입하지 않은 무보험차량일 경우, A는 정부보장사업과 무보험자동차상해에서 보상받을 수 있을까요?

운전자 A의 보상

정부보장사업 보상 가능?

무보험자동차상해 보상 가능?

 다시 한 번 A의 보상을 검토하기 위해 위의 **두 가지 질문**을 알아보겠습니다.

 첫 번째, 가해자가 있는 사고인가요? 네 맞습니다. 이번 사고는 무한궤도식 굴삭기 차량이 가해자죠.

 두 번째, 무한궤도식 굴삭기 차량은 정부보장사업과 무보험자동차상해에서 보상하는 자동차 범위에 포함될까요? 만약, 자동차의 범위에 포함이 되면 각각 보상이 가능할 것이며, 자동차의 범위에 포함되지 않는다면 보상되지 않을 것입니다.

 먼저, 무한궤도식 굴삭기 등 일반건설기계는 정부보장사업에서 보상되는 자동차의 범위에 포함될까요?
 정답은 정부보장사업 자동차의 범위에는 포함되지 않습니다. 따라서, **정부보장사업에서는 보상되지 않습니다.**

운전자 A의 보상   정부보장사업

Q. 자동차 범위에 무한궤도식 굴삭기 등 일반건설기계가 포함되나요?

A. 포함되지 않기 때문에 보상 불가

다만, 무한궤도식 굴삭기 등 일반건설기계는 무보험자동차상해에서 보상하는 자동차 범위에 포함됩니다.

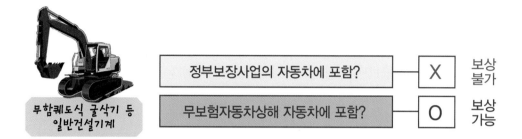

따라서, 무한궤도식 굴삭기 등 일반건설기계로 인해 뺑소니 사고를 당하거나 또는 그 건설기계가 무보험차량일 경우 정부보장사업에서는 보상되지 않고 **무보험자동차상해에서만 보상**이 모두 이루어지며, 2억 원(또는 5억 원)한도로 보상받을 수 있습니다.

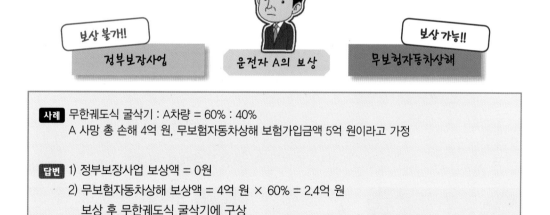

사례	무한궤도식 굴삭기 : A차량 = 60% : 40% A 사망 총 손해 4억 원, 무보험자동차상해 보험가입금액 5억 원이라고 가정
답변	1) 정부보장사업 보상액 = 0원 2) 무보험자동차상해 보상액 = 4억 원 × 60% = 2.4억 원 　보상 후 무한궤도식 굴삭기에 구상

② A의 차량 보상은 어떻게 될까요?

가해차량으로 인해 A 차량도 파손되었는데 운전자 A가 보상된다면, A 차량도 보상받을 수 있지 않을까요?

정부보장사업과 무보험자동차상해는 대인배상Ⅰ과 대인배상Ⅱ를 대신하는 보험으로 **물적손해는 보상하고 있지 않습니다.** 따라서, A차량은 정부보장사업과 무보험자동차상해에서는 보상되지 않습니다.

A의 차량 보상

Q. 정부보장사업과 무보험자동차상해에서 A의 차량도 보상이 되나요?

A. 물적손해는 보상 불가 (인적손해만 보상)

다만, A가 가입한 종합보험 중 자차가 가입되어 있다면 **자차보험에서 보상**받을 수 있으며, 이를 보상한 보험회사는 **가해자에게 모두 구상**합니다.

자차 가입시 ...

A 보험회사에서 자차에서 보험금을 수령 A 보험회사에서 가해자에게 구상

일반건설기계의 대표적인 예 (9종건설기계 제외)

불도저
(무한궤도, 타이어식 포함)

굴삭기
(무한궤도식)

기중기
(무한궤도식)

Chapter 2-3

A가 운전 중 '타이어식 굴삭기, 무한궤도식 굴삭기, 경운기'에 뺑소니를 당한 경우 또는 무보험차량인 경우

경운기 등 (농업기계)

'경운기 등(농업기계)'에
뺑소니를 당한 경우 또는 무보험차량인 경우 A의 보상 여부는?

운전자 A가 경운기 등 농업기계에 뺑소니를 당했거나 혹은 무보험차량에 사고를 당했다면 보상은 어떻게 될까요?

이런 경우의 보상은 어떻게 될까요?

① 운전자 A의 보상은?
② A의 차량 보상은?

① A의 보상은 어떻게 될까요?

가해차량인 경운기 등 농업기계가 뺑소니 사고를 낸 경우, 또는 그 경운기 등 농업기계가 책임보험도 가입하지 않은 무보험차량일 경우, A는 정부보장사업과 무보험자동차상해에서 보상받을 수 있을까요?

운전자 A의 보상

정부보장사업 보상 가능?

무보험자동차상해 보상 가능?

다시 한번 A의 보상을 검토하기 위해 위의 **두가지 질문**을 알아보겠습니다.

첫 번째, 가해자가 있는 사고인가요? 네 맞습니다. 이번 사고는 경운기 등 농업기계가 가해자죠.

두 번째, 경운기 등 농업기계는 정부보장사업과 무보험자동차상해에서 보상하는 자동차 범위에 포함될까요? 만약, 자동차 범위에 포함이 되면 각각 보상이 가능할 것이며, 자동차의 범위에 포함되지 않는다면 보상되지 않을 것입니다.

먼저 경운기 등 농업기계는 정부보장사업에 포함될까요? 정부보장사업 자동차의 범위에는 포함되지 않습니다. 따라서, **정부보장사업에서는 보상되지 않습니다.**

운전자 A의 보상

정부보장사업

Q. 자동차 범위에 경운기 등 농업기계가 포함되나요?

A. 포함되지 않기 때문에 보상 불가

다만, 경운기 등 농업기계는 무보험자동차상해에서 보상하는 자동차 범위에 포함됩니다.

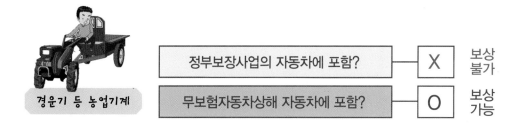

| 정부보장사업의 자동차에 포함? | X | 보상 불가 |
| 무보험자동차상해 자동차에 포함? | O | 보상 가능 |

따라서, 경운기 등 농업기계로 인해 뺑소니 사고를 당하거나 또는 그 건설기계가 무보험차량일 경우 정부보장사업에서는 보상되지 않고 **무보험자동차상해에서만 보상**이 모두 이루어지며, 2억 원(또는 5억 원)한도로 보상받을 수 있습니다.

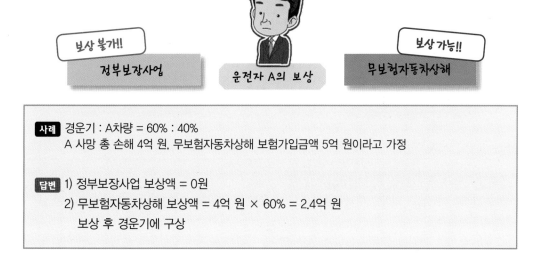

보상 불가!!
정부보장사업

운전자 A의 보상

보상 가능!!
무보험자동차상해

사례 경운기 : A차량 = 60% : 40%
A 사망 총 손해 4억 원, 무보험자동차상해 보험가입금액 5억 원이라고 가정

답변 1) 정부보장사업 보상액 = 0원
2) 무보험자동차상해 보상액 = 4억 원 × 60% = 2.4억 원
보상 후 경운기에 구상

② A의 차량 보상은 어떻게 될까요?

가해차량으로 인해 A 차량도 파손되었는데 운전자 A가 보상된다면, A 차량도 보상받을 수 있지 않을까요?

정부보장사업과 무보험자동차상해는 대인배상Ⅰ과 대인배상Ⅱ를 대신하는 보험으로 **물적손해는 보상하고 있지 않습니다.** 따라서, A차량은 정부보장사업과 무보험자동차상해에서는 보상되지 않습니다.

A의 차량 보상

Q. 정부보장사업과 무보험자동차상해에서 A의 차량도 보상이 되나요?

A. 물적손해는 보상 불가 (인적손해만 보상)

다만, A가 가입한 종합보험 중 자차가 가입되어 있다면 **자차보험에서 보상**받을 수 있으며, 이를 보상한 보험회사는 **가해자에게 모두 구상**합니다.

자차 가입시

A 보험회사에서 자차에서 보험금을 수령   A 보험회사에서 가해자에게 구상

※ 농업기계 종류가 몇 가지나 되는가?

농업기계화 촉진법에 의하면 여러 종류가 있기 때문에 다 나열할 수 없지만, 그 중에 몇 가지만 살펴보면 다음과 같습니다.

농업용 트랙터, 농업용 콤바인, 농업용 동력운반차, 농업용 로더, 비료살포기, 농업용 고소작업차, 농업용 리프트, 트레일러, 동력수압기 등 이런 종류의 농업기계에 사고를 당했을 때 정부보장사업에서 보상하는 자동차에는 포함되지 않기 때문에 보상받지 못하지만, 무보험자동차에서 보상하는 자동차 범위에는 포함되기 때문에 보험금을 청구할 수 있습니다.

농업용 트렉터

농업용 콤바인

농업용 동력운반차

농업용 로더

비료살포기

농업용 고소작업자

농업용 리프트

동력 수확기

A가 운전 중 '군용트럭 혹은 UN군차량 등 의무보험가입 예외 차량, 자전거'에 뺑소니를 당한 경우 또는 무보험차량인 경우

군용트럭 등 (군수품관리법상 차량)

'군용트럭 등 군수품관리법상 차량'에
뺑소니를 당한 경우 또는 무보험차량인 경우 A의 보상 여부는?

운전자 A의 보상

A

군용트럭 등 (군수품관리법상 차량)
무보험 or 뺑소니

이번에는 군용트럭 등(군수품관리법상 차량)에 의해서 뺑소니를 당했거나 또 그 차량에 보험이 없는 경우의 보상관계를 살펴보겠습니다.

군수품관리법상 차량이란 전투 장비 및 통상품 등을 운반하거나 관리하는 차량으로 군용트럭, 트레일러, 중장비 운반차량 등(이하 '군용차량'이라고 함)이 있습니다. 이러한 차량이 사고를 당했을 때 A의 보상은 정부보장사업에서 보상되는지, 무보험자동차상해에서 보상되는지를 생각해 보겠습니다.

우리는 앞서 정부보장사업과 무보험자동차상해에서 보상하는 경우 인적손해만 보상한다고 계속해서 배워왔습니다. 따라서 A의 보상만을 알아보고, A의 차량에 대해서는 생략하도록 하겠습니다.

이런 경우의 보상은 어떻게 될까요?

① 운전자 A의 보상은?

① A의 보상은 어떻게 될까요?

가해차량인 군용트럭 등 군수품관리법상 차량이 뺑소니 사고를 낸 경우, 또는 그 군용트럭 등 군수품관리법상 차량이 책임보험도 가입하지 않은 무보험차량일 경우, A는 정부보장사업과 무보험자동차상해에서 보상받을 수 있을까요?

운전자 A의 보상
정부보장사업 보상 가능?
무보험자동차상해 보상 가능?

A의 보상을 살펴볼 건데요. 이 경우 A는 정부보장사업과 무보험자동차상해에서 보상받을 수 있을까요?

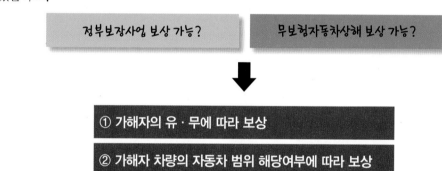

정부보장사업 보상 가능? 무보험자동차상해 보상 가능?

① 가해자의 유·무에 따라 보상
② 가해자 차량의 자동차 범위 해당여부에 따라 보상

다시 한 번 A의 보상을 검토하기 위해 위의 **두 가지 질문**을 알아보겠습니다.

첫 번째, 가해자가 있는 사고인가요? 네 맞습니다. 이번 사고는 군용트럭이 가해자죠.
두 번째, 군용트럭은 정부보장사업과 무보험자동차상해에서 보상하는 자동차 범위에 포함될까요?
만약, 자동차의 범위에 포함이 되면 각각 보상이 가능할 것이며, 자동차의 범위에 포함되지 않는다면 보상되지 않을 것입니다.

먼저 군용트럭은 정부보장사업에서 보상하는 자동차에 포함될까요? 정부보장사업 자동차의 범위에는 **포함되지 않습니다.** 따라서, 정부보장사업에서는 **보상되지 않습니다.**

그럼, 무보험자동차상해의 자동차 범위에는 **포함될까요?** 무보험자동차상해의 자동차 범위에는 **포함됩니다.** 따라서, 2억 원(또는 5억 원 등) 한도로 **보상받을 수 있습니다.**

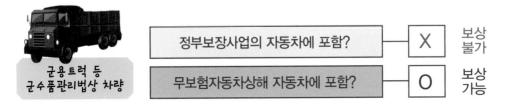

따라서, 군용트럭 등 군수품관리법상 차량이 뺑소니 사고를 냈거나 또는 무보험차량일 경우 정부보장사업에서는 보상되지 않지만 무보험자동차상해에서 보상이 모두 이루어집니다.

군수품관리법상 자동차의 대표적인 예

군용트럭

군용 트레일러

군용 견인차

A가 운전 중 '군용트럭 혹은 UN군차량 등 의무보험가입 예외 차량, 자전거'에 뺑소니를 당한 경우 또는 무보험차량인 경우

UN 차량 등 (의무보험가입 예외 차량)

'UN 차량 등 (의무보험가입 예외 차량)'에 뺑소니를 당한 경우 또는 무보험차량인 경우 A의 보상 여부는?

운전자 A의 보상

A

UN 차량 등 (의무보험가입 예외 차량)
무보험 or 뺑소니

UN군차량 등 의무보험인 책임보험 즉, 대인배상 I 과 대물 강제보험(2천만 원 한도)을 의무적으로 가입하지 않아도 되는 예외 차량들이 있습니다. 이러한 차량에 의해 뺑소니를 당했거나, 그 가해차량이 책임보험도 가입하지 않은 무보험자동차일 때의 보상관계를 살펴보겠습니다.

이런 경우의 보상은 어떻게 될까요?

① 운전자 A의 보상은?

① A의 보상은 어떻게 될까요?

운전자 A의 보상

정부보장사업 보상 가능?

무보험자동차상해 보상 가능?

이 경우 A는 정부보장사업과 무보험자동차상해에서 보상받을 수 있을까요?

정부보장사업 보상 가능?   무보험자동차상해 보상 가능?

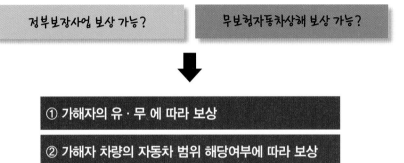

① 가해자의 유·무 에 따라 보상

② 가해자 차량의 자동차 범위 해당여부에 따라 보상

먼저 UN군차량 등 의무보험가입 예외 차량은 정부보장사업에 포함될까요? 정부보장사업 자동차의 범위에는 포함되지 않습니다. 따라서, 정부보장사업에서는 보상되지 않습니다.

그럼, 무보험자동차상해의 자동차 범위에는 포함될까요? 무보험자동차상해의 자동차 범위 에는 포함됩니다. 따라서, 2억 원(또는 5억 원 등) 한도로 보상받을 수 있습니다.

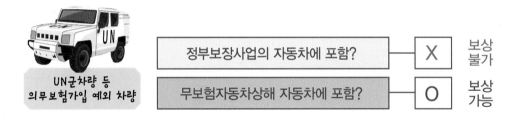

UN군차량 등
의무보험가입 예외 차량

| 정부보장사업의 자동차에 포함? | X | 보상 불가 |
| 무보험자동차상해 자동차에 포함? | O | 보상 가능 |

정부보장사업

운전자 A의 보상

무보험자동차상해

Q. UN군차량은 자동차 범위에 포함될까요?

A. 포함되지 않기 때문에 보상 불가

Q. UN군차량은 자동차 범위에 포함될까요?

A. 포함되기 때문에 보상 가능

따라서, UN군차량 등 의무보험가입 예외 차량이 뺑소니사고를 내거나 또는 무보험차량일 경우 정부보장사업에서는 보상되지 않지만 무보험자동차상해에서 보상이 모두 이루어집니다.

※ 의무보험가입 예외 차량

첫 번째 미군차, 두 번째 UN군차, 세 번째 장관 지정 외국인 차량으로 통상 외교관 차량이라 보시면 되겠습니다. 네 번째로는 구내에서만 운전하는 차량으로 골프 카트 그리고 공장 내 지게차, 다섯 번째로는 피견인차 등이 있습니다.

① 미군차 / ② UN군차 / ③ 외국인 장관지정차(외교관 차량) / ④ 구내에서만 운전하는 차량 (골프카트, 공장 내 지게차 등) ⑤ 피견인차

의무보험가입 예외 차량의 예

UN군차

트레일러

골프카트

A가 운전 중 '군용트럭 혹은 UN군차량 등 의무보험가입 예외 차량, 자전거'에 뺑소니를 당한 경우 또는 무보험차량인 경우

자전거 (전기자전거 제외)

'자전거 (전기자전거 제외)'에
뺑소니를 당한 경우 또는 무보험차량인 경우 A의 보상 여부는?

운전자 A의 보상

A

자전거 (전기자전거 제외)
무보험 or 뺑소니

운전자 A가 자전거(전기자전거 제외) 사고로 사고를 당했을 때 또는 뺑소니를 당했거나 자전거가 무보험일 때, 이럴 때에 차량 보상은 어떻게 되는지 살펴보겠습니다.

이런 경우의 보상은 어떻게 될까요?

① 운전자 A의 보상은?

① A의 보상은 어떻게 될까요?

운전자 A의 보상

정부보장사업 보상 가능?

무보험자동차상해 보상 가능?

다시 한 번 A의 보상을 검토하기 위해 위의 **두 가지 질문**을 알아보겠습니다.

첫 번째, 가해자가 있는 사고인가요? 네 맞습니다. 이번 사고는 자전거가 가해자죠.
두 번째, 자전거가 정부보장사업과 무보험자동차상해에서 보상하는 자동차 범위에 포함될 까요?

만약, 자동차의 범위에 포함이 되면 각각 보상이 가능할 것이며, 자동차의 범위에 포함되지 않는다면 보상되지 않을 것입니다.

먼저 자전거가 정부보장사업에 포함될까요? 정부보장사업 자동차의 범위에는 **포함되지 않 습니다. 따라서** 정부보장사업에서는 **보상되지 않습니다.**

그럼, 자전거가 무보험자동차상해의 자동차 범위에는 포함될까요? 여기에도 자전거는 **포함 되지 않습니다. 따라서** 무보험자동차상해에서도 **보상되지 않습니다.**

보상 불가!!

정부보장사업

Q. 자전거는 자동차 범위에 포함될까요?
A. 포함되지 않기 때문에 보상 불가

운전자 A의 보상

보상 불가!!

무보험자동차상해

Q. 자전거는 자동차 범위에 포함될까요?
A. 포함되기 때문에 보상 불가

따라서 자전거가 뺑소니 사고를 냈거나 또는 무보험자동차일 경우 정부보장사업과 무보험자동차상해 모두에서 보상이 되지 않습니다.

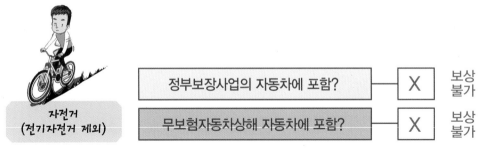

또 하나의 팁을 드리겠습니다. 이때 자전거를 운전한 가해자가 가입한 자전거 보험은 없지만, 손해보험회사에 실손의료비 보험 등 손해보험이 가입되어 있다면 그 보험 중에 **'일상생활 중 배상책임 담보'**가 통상 가입되어 있습니다.

일명 일배책이라고 하는데 아마도 대부분의 사람이 다 가입이 되어 있을 것이고, 또 알고 있을 것으로 생각합니다. 일상생활 배상책임 담보가 가입되어있다면 이런 자전거 사고의 경우에도 그 보험 가입금액(예 1억 원) 한도 내로 대인·대물 모두 보상이 가능합니다.

> **TIP**
>
> 자전거 운전자가 실손의료비 보험을 가입한 경우,
> '일상생활 중 배상책임' 담보를 통해 1억 원 한도 내에서 대인 · 대물 보상 가능

따라서 자전거 사고는 정부보장사업과 무보험자동차상해의 자동차 범위에 포함되지 않아 보상되지 않지만, 가해자가 가입한 실손의료비 보험이 있다면 꼭 일상생활 중 배상책임 담보가 있는지를 확인해보고 만약에 가입되어 있다면, A는 그 보험에서 인적 손해와 물적 손해 모두를 1억 원 한도 내에서 보상받을 수 있습니다.

굉장히 유익한 담보겠지요? 그래서 일상생활 중 배상책임 담보에 대해서는 제8장에서 조금 더 구체적으로 배워보도록 하겠습니다.

1억 원 한도로 보험금 청구

**가해자가 가입한 실손의료비보험이 있는지
일상생활 배상책임 담보가 있는지를 꼭 확인**

사례

2013년도 3월경 발생했던 실제 사례를 함께 살펴볼까요?

시골에 살던 A씨는 농사를 짓고 돌아오는 길에 도로를 따라 횡단하던 중 운전미숙의 경운기에 충격하여 골절이 발생하는 사고를 당하게 되었습니다.

> 농사를 짓고 귀가하던 중
> 경운기와 접촉사고가 난 어머님.
> 어깨와 골반에 골절.
> 장기화된 치료.
> 강경하게 치료 요청을 거부하는
> 동네 주민

처음에는 옆 동네 사람이라 치료비는 지급해 주기로 하였으나, 골절 등이 발생하여 치료가 장기화 되면서 가해자는 더이상 치료비를 지급할 수 없다며, 강경하게 나왔습니다.

자 이제 독자여러분들과 보상관계를 검토해 볼까요?

첫 번째 가해자가 있는 사고인가요? 네, 맞습니다. 두 번째 정부보장사업에서 보상하는 자동차 범위에 경운기가 포함될까요? 앞서 배운 것처럼 포함되지 않습니다. 그래서 정부보장사업에서 보상되지 않습니다. 세번째 무보험자동차상해에서 보상하는 자동차 범위에는 경운기가 포함될까요? 네, 맞습니다. 앞서 배운 것처럼 포함됩니다. 그래서 이 사고는 정부보장사업에서는 보상받지 못하지만, 무보험자동차상해에서 보상받을 수 있습니다.

결론적으로 이 어머님의 자녀가 가입한 종합보험의 무보험자동차상해로 보험을 접수하여 충분히 치료 후 보상을 받게 된 사건이었습니다. 물론 보험회사에서는 보상하고 가해자에게 구상하겠지요.

자녀가 가입한 종합보험의 무보험자동차상해로 보험을 접수

충분한 치료 후 보상

보험회사에서는 가해자에게 구상

만약 경운기가 무보험자동차 상해에서 보상하는 자동차에 포함되는지 몰랐다면 전혀 보상받을 수 없는 사건이었을 텐데 필자와의 상담을 통해서 보험회사에 보상을 청구할 수 있었습니다.

	정부보장사업	무보험자동차상해
	자동차관리법상 자동차 (이륜차 포함)	자동차관리법상 자동차 (이륜차 포함)
	-	**+**
	의무보험가입 예외 차량*	의무보험가입 예외 차량
	9종 건설기계	9종 건설기계 **+** 일반건설기계
		군용트럭 등 (군수품관리법상 차량)
	*의무보험가입 예외 차량 ① 미군차, ② UN군차, ③ 외교관차, ④ 피견인차, ⑤ 구내 차(골프카트, 구내지게차)	경운기 등 (농업기계)

구 분	정부보장사업 (대인배상 I 에 해당하는 금액)	무보험자동차상해 (대인배상 II 에 해당하는 금액)
50cc 이상 이륜자동차	부책	부책
50cc 이하 이륜자동차	부책	부책
타이어식 굴삭기 (9종 건설기계)	부책	부책
무한궤도식 굴삭기 (일반건설기계)	면책	부책
경운기 등 (농업기계)	면책	부책
군용트럭 등 (군수품관리법상 차량)	면책	부책
의무보험가입 예외 차량 [미군차, UN군차, 외교관차, 피견인차, 구내 차(골프카트, 구내지게차)]	면책	부책
자전거	면책	면책

9종 건설기계

덤프트럭

타이어식 기중기

콘크리트 믹서 트럭

트럭적재식 콘크리트 펌프

트럭적재식 아스팔트살포기

타이어식 굴삭기

트럭 지게차

도로보수트럭

노면측정장비

농업기계

농업용 트렉터

농업용 콤바인

농업용 동력운반차

농업용 로더

비료살포기

농업용 고소작업자

농업용 리프트

동력 수확기

일반건설기계의 대표적인 예 (9종건설기계 제외)

불도저
(무한궤도, 타이어식 포함)

굴삭기
(무한궤도식)

기중기
(무한궤도식)

군수품관리법상 자동차의 대표적인 예

군용트럭

군용 트레일러

군용 견인차

의무보험가입 예외 차량의 예

UN군차

트레일러

골프카트

전문가 KEY NOTE

〈 자기신체사고 담보의 대체 특약 자동차상해 〉

쌍방과실일 때 A가 70%의 과실일 때 상대방의 보험회사로 30%를 보상
A의 차 보험 자손으로 70% 보상

66 자손은 1급부터 14급까지 급수가 나뉘어지고
그 한도가 복잡함 **99**

(보상받기 어려움)

Part 4의 전문가 Key Note 제목은 자기신체사고 담보의 대체특약 자동차상해입니다. 많은 분이 자동차상해에 대해서 알고 있을 것으로 생각합니다. 그런데 앞서 사례를 잠깐 말씀드리면 쌍방과실일 때 A가 70%의 과실이면 상대방의 보험회사로 30%를 보상받고 A 차 보험의 자손으로 70%를 받을 수 있다고 설명한 바 있습니다. 그런데 자손의 경우에는 부상과 장애가 1급부터 14급까지 그 급수가 나누어져 있고 그 한도가 복잡하여서 실제로 70%의 보상을 받기가 굉장히 어렵습니다. 보험금 계산도 복잡하고 또 평가해야 할 내용도 복잡합니다.

그런데 자기신체사고 담보의 대체특약인 자동차 상해에 가입하게 되면 이런 급별 한도 없이 보험가입금액 한도 내에서 모두 보상받을 수 있기 때문에 될 수 있으면 자동차상해에 가입하는 게 좀 더 가족들에게 유리합니다.

자동차상해를 가입하게 된 경우 | 모두 보상

부상 · 후유장애 급별 한도 없이
가입금액 한도 내에서 실제 손해액 보상 가능

PART 05

이런 사고도
자기신체사고에서 보상이
될까요?

" 차량에서 내리던중 핸드백이 차량에 걸려
균형을 잃고 빙판길 노면에 넘어진 상해 사고 "

운전자가 차량에서 내리던 중 핸드백에 걸려 균형을 잃고 빙판길 노면에 넘어지면서 상해사고가 발생한 경우, 피보험자는 자동차보험 자기신체사고에서 보상될까요?

제5장에서는 '이런 사고도 자기신체사고[1]에서 보상될까요?' 라는 주제로 진행해 보겠습니다. 진행에 앞서 문제를 하나 풀어보고 시작하겠습니다.

이런 사고도
자기신체사고에서 보상이 될까요?

---

1) 「자기신체사고」에서는 피보험자(통상 운전자와 운전자의 부모, 배우자 및 자녀)가 피보험자동차를 소유·사용·관리하는 동안에 생긴 사고와 피보험자가 피보험자동차에 탑승중일 때 ① 날아오거나 떨어지는 물체와 충돌하거나, ② 화재 또는 폭발, ③ 피보험자동차의 낙하로 인하여 죽거나 상해를 입은 때 그로 인한 손해를 보상하여 드립니다.

O/X QUIZ 다음 자기신체사고에 대한 설명을 읽고 답하시오.

① 운전자가 차량에서 내리던 중 핸드백이 차량에 끼어 바닥에 넘어지는 사고는
　 자손에서 보상된다. 　　　　　　　　　　　　　　　　　　　　　　　(　)

② 화물칸에 물건을 싣던 중 중심을 잃고 넘어지는 상해사고는 자손에서 보상된다.
　　　　　　　　　　　　　　　　　　　　　　　　　　　　　　　　　　(　)

정답 O / O

해설 「자기신체사고」에서는 피보험자(통상 운전자와 운전자의 부모, 배우자 및 자녀)가 피보
　　　 험자동차를 소유·사용·관리하는 동안에 생긴 사고와 피보험자가 피보험자동차에 탑
　　　 승중일 때 ① 날아오거나 떨어지는 물체와 충돌하거나, ② 화재 또는 폭발, ③ 피보험
　　　 자동차의 낙하로 인하여 죽거나 상해를 입은 때 그로 인한 손해를 보상하여 드립니다.

*총 다섯 가지 유형의 사례 중심*으로 이번 시간을 진행하겠습니다.

　첫 번째 사례 내용은 자동차를 일반적으로 사용하던 중에 발생한 사고에 대해서, 두 번째는
그 자동차를 탑승 혹은 하차하던 중에 발생한 사고에 대해서, 세 번째는 자동차에 물건을 싣거
나 내리던 중 발생한 사고에 대해서, 네 번째는 자동차를 점검 및 수리하던 중에 발생한 사고에
대해서, 마지막으로 기타 사고에 대해서 알아보도록 하겠습니다.

① 자동차를 일반적으로 사용하던 중 발생한 사고
② 자동차의 탑승 또는 하차 하던 중 발생한 사고
③ 자동차의 물건을 싣거나 내리던 중 발생한 사고
④ 자동차의 점검 및 수리 중 발생한 사고
⑤ 기타 사고

자동차를 일반적으로 사용하던 중 발생한 사고

첫 번째 사례로 자동차를 일반적으로 사용하던 중에 사고가 발생할 때 자손 보상에 대해서 알아보도록 하겠습니다.

사례 1

운전자 A가 자차를 이용 하던 중
빗길에 미끄러져 발생한 단독 사고

운전자 A가 본인차량을 운전하던 중에 빗길에 미끄러져 단독 사고가 발생한 경우 A 보험회사에서 자손으로 보상이 가능할까요?

Q. 운전자 A는 자손보험에서 치료비 보상이 가능할까요?

 Yes 네, 보상이 가능합니다!

운전자 A가 자동차를 운전 중 본인과실로 발생한 단독사고의 경우에는 독자 여러분들이 알고 있는 것처럼 당연히 자손에서 보상이 가능합니다.

운전자 A의 보상

A 차량의 보험회사
자손 보상   0

나의 과실로 운전 중 발생한 사고는 자손 보상 가능

자동차를 이용하다가 목적지에 도착해서 주차를 한 후
도로를 건너던 중에 다른 자동차에 의해 교통사고가 발생한 사고

그렇다면 A가 자동차를 이용하다가 목적지에 도착해서 주차한 후 도로를 건너던 중에 다른 자동차에 의해 교통사고가 발생했다면 *이때 A의 보상은 어떻게 될까요?*

먼저, 상대방 차량의 보험회사에서 대인배상 Ⅰ·Ⅱ로 보상이 이루어지겠죠. 그리고 우리가 제1장에서 배운 것처럼 상대방의 보험에서 대인배상 Ⅰ·Ⅱ로 보상을 받고도 A 과실만큼 받지 못한 손해가 있다면, A 차량 자손으로 청구할 수 있다고 공부하였습니다.

그럼, 이 경우에도 A 차량 자손으로 과실만큼 받지 못한 손해에 대해서 청구할 수 있을까요?

Q. A는 본인 과실만큼 A 보험회사에서 보상 가능할까요?

✕ No 아니요, 보상되지 않습니다!

자손은 내 차량을 운행 중일 때의 사고를 보상하지만, 이미 차주는 자동차를 주차한 후 차량을 떠나 도로를 건너던 중에 사고가 발생하였으므로 내 차하고는 무관한 상황에서 사고가 발생하였기 때문에 자손에서는 보상되지 않습니다.

운전자 A의 보상

상대방 차량의 보험회사
대인배상 Ⅰ, Ⅱ 보상 〇

A 차량의 보험회사
자손 보상 불가

자동차를 주차한 후 차량을 떠나 도로를
건너던 중 사고발생

A 차량하고는 무관한 사고이므로
자손에서 보상되지 않음

자동차에 탑승 또는 하차 하던 중 발생한 사고

두 번째로 자동차의 탑승 또는 하차하던 중의 사고에 대해 알아보겠습니다.

사례 1

운전자가 화물트럭에서 내리던 중 넘어져서
머리를 크게 다쳐, 결국 사망한 사고

화물트럭의 경우 지면과 운전석의 높이 차이가 커서 내리던 중에 발을 헛디뎌 다리나 머리 등에 상해를 입는 사고들이 종종 발생하곤 합니다.

만약, 운전자가 화물트럭에서 내리던 중 넘어지면서 머리를 크게 다쳐서 결국 사망하였다면, 운전자가 가입한 자손에서 보상이 가능할까요?

Q. 자손에서 보상이 가능할까요?

 Yes **네, 보상이 가능합니다!**

이 사례는 대법원의 사례인데요. 자동차에서 하차하다가 발생한 사고이고, 이는 자동차사고에 해당하기 때문에 자동차보험 자손에서 보상 가능하다고 판단했습니다.

 대법원 판례

자동차에서 하차하다가 발생한 사고이므로 이는 자동차를
소유·사용·관리하던 중 발생한 사고에 해당되기 때문에 **보상 가능**

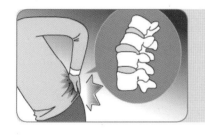

운전하던 중에 전화벨이 울리자 트렁크에 둔 핸드백에 전화기를 두고 온 것을 알고 잠시 운행을 멈춘 후 하차하여 트렁트에 둔 핸드백에서 전화기를 꺼내 통화를 하고 마친 다음 다시 운전석에 오르는 중 본인의 실수로 허리를 삐끗하면서 다친 사고

그렇다면 운전하던 중에 전화벨이 울리자 트렁크에 전화기를 두고 온 것을 알고 잠시 운행을 멈추고 하차하여 트렁크에 둔 핸드백에서 전화기를 꺼내 통화를 하고 통화를 마친 다음에 다시 운전석에 오르는 중 본인의 실수로 허리를 삐끗하면서 다쳤다면,

이때 운전자는 자손에서 보상이 가능할까요?

Q. 자손에서 보상이 가능할까요?

만약에 이번 사고가 자동차로 인한 사고라면 당연히 자손보험에 될 것이고, 본인의 순수한 과실로 인한 사고라면 보상이 되지 않을 것입니다.

| 자동차로 인한 사고 | 보상 가능 |
| 본인의 순수한 과실로 인한 사고 | 보상 불가 |

✕ No 아니요, 보상되지 않습니다!

이 사례는 금융감독원의 분쟁조정 사례인데요, 금감원의 판단은 운전자가 차량을 멈추고 통화를 한 후 다시 차량에 탑승하는 과정에서 자동차의 고유 장치의 어떤 일부가 사고원인을 제공하였다고 볼만한 사정이 없었고 순수하게 100% 운전자 본인 과실이었다고 판단한 것입니다.

다시 얘기해서 자동차가 이번 사고에 어떠한 원인을 제공하지 않았고 본인의 순수한 과실로 상해가 발생하였다고 판단한 것입니다.

금융감독원의 분쟁조정 사례
100% 운전자 본인의 과실로 사고가 발생하였기 때문에 **보상 불가**

사례 3

남편이 아내와 함께 마트에 가서 쇼핑을 하고 집에 도착해,
아내가 차에서 내리던 중 쇼핑한 물건으로 인해서
넘어지면서 허리를 다친 사고

우리 생활속에서 자주 발생하는 자손사고를 살펴보면, 남편이 아내와 함께 마트에 가서 쇼핑을 하고 집에 도착해 아내가 차량에서 내리던 중에 발생하는 사고유형이 있습니다.

우리 생활 속에서 **자주 발생하는** 자손 사고

만약 아내가 마트에서 쇼핑한 물건과 핸드백을 양손에 들고 내리다가 이런 짐들이 문짝에 걸려 넘어지는 사고가 발생했다면 아내의 보상은 어떻게 될까요?

Q. 자손보험에서 보상이 가능할까요?

✔ 차량에서 물건을 가지고 내리다가 넘어진 사고
✔ 차량의 발판이나 문짝에 걸려 넘어진 사고

" 본인의 순수한 실수로 넘어지지 않는 한
자손에서 보상 청구 가능 "

 네, 보상이 가능합니다!

정리하자면!! 운전자가 차량을 탑승, 하차하던 중 발생한 동일한 사고의 경우에도 그 사고가 피보험차량의 운행 중 사고인가 아니면 운전자 본인의 순수한 과실로 인한 사고인가에 따라서 달라집니다. 피보험차량의 운행 중 사고이면 자손에서 보상이 이루어지며, 운전자 본인의 순수한 과실로 인한 사고이면 자손에서는 보상이 이루어지지 않습니다.

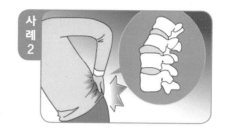

동일한 사고라고 하더라도 사고원인에 따라 보상여부가 달라짐

자동차 소유 · 사용 · 관리

운전자 본인의 순수한 과실

| 자동차로 인한 사고 | 보상 가능 |
| 본인의 순수한 과실로 인한 사고 | 보상 불가 |

Chapter 3

자동차에 물건을 싣거나 내리던 중 발생한 사고

세 번째로 자동차에 물건을 싣거나 내리던 중 사고에 대해 살펴보겠습니다.

사례 1

화물 자동차를 정차하고 적재함에 화물을 적재하던 중
바지가 적재함 문짝에 걸려 중심을 잃고
땅바닥으로 떨어져 다친 사고

화물 자동차를 정차하여 적재함에 화물을 적재하던 중 바지가 적재함 문짝, 즉 캐비넷 문짝에 걸려 중심을 잃고 땅바닥으로 떨어져 다친 상해의 경우 사고입니다.

그렇다면 내 차의 자손보험에서 보상이 가능할까요?

Q. 자손보험에서 보상이 가능할까요?

✔ Yes   네, 보상이 가능합니다!

대법원의 사례인데요, 화물차의 적재함에 화물을 적재하던 중이었고 바지가 캐비넷 문짝 고리에 걸려 중심을 잃고 땅바닥에 떨어졌던 사고이기 때문에 보상이 가능합니다. 즉, 대법원 판단은 이 사고를 자동차사고로 판단하여 보상 가능하다고 판단했던 것입니다.

대법원 판례

- 화물차의 적재함에 화물을 적재하던 중이었음
- 바지가 적재함 문짝 고리에 걸려 중심을 잃고 땅바닥에 떨어진 사고임
- 이는 자동차를 소유, 사용, 관리 중 사고이므로 **보상 가능**

화물자동차의 물건을 정리하고 지면으로 뛰어 내리던 중에
바닥이 미끄러워 넘어지면서 발생한 상해 사고

그렇다면 화물자동차에 물건을 정리하고 지면으로 뛰어내리던 중에 바닥이 미끄러워 넘어지면서 발생한 상해사고의 경우에는 보상이 어떻게 될까요?

Q. 자손보험에서 보상이 가능할까요?

 아니요, 보상되지 않습니다!

이유는 자동차 운행으로 인한 사고가 아니라 본인의 부주의로 지면에 뛰어 내리다가 땅바닥이 미끄러워 넘어지면서 상해가 발생하였기 때문입니다.

자동차의 소유, 사용, 관리 중 발생한 사고가 **아니다**
운전자 본인의 순수한 부주의로 인한 사고이므로 **보상 불가**
자손보험으로 보상 불가

자동차의 점검 및 수리 중 발생한 사고

네 번째로 자동차를 점검 및 수리하던 중 발생한 사고에 대해 살펴보겠습니다.

사례 1

운전자가 차량의 에어컨을 점검하기 위해 운전석에서 내려 차량 조수석의 문을 열고 의자를 뒤로 돌리던 중 순간 중심을 잃고 넘어져 뇌 좌상, 두개골선상 골절에 부상을 입은 사고

운전자가 차량의 에어컨을 점검하기 위해 운전석에서 내려 차량 조수석의 문을 열고 의자를 뒤로 돌리던 중 순간 중심을 잃고 뇌 좌상, 두개골 선상 골절에 부상을 입은 사고에 대해서 차량의 자손보험에서 보상이 가능할까요?

Q. 자손보험에서 보상이 가능할까요?

 네, 보상이 가능합니다!

금융감독원 분쟁조정 사례인데요, 차량을 점검하고 에어컨을 점검, 수리하기 위해 의자를 조절하다가 중심을 잃고 넘어져 상해를 입은 사고로 이는 자동차의 소유, 사용, 관리 중에 해당한다고 판단하여 자손에서 보상이 가능했던 사례입니다.

금융감독원의 분쟁조정 사례

차량을 점검하고 에어컨을 점검, 수리하기 위해 의자를 조절하다가
중심을 잃고 넘어져 상해를 입은 사고는
자동차의 소유, 사용, 관리 중에 해당한다고 판단하여 **보상 가능**

운전자가 피보험자동차를 정차시키고 차량 밑에 들어가
차량의 상태를 점검하던 중에 에어쇼바에서 에어가 빠지면서
차체가 내려 앉아 운전자가 얼굴에 상해를 당한 경우

그렇다면 운전자가 자동차를 정차시키고 차량 밑에 들어가 차량의 상태를 점검하던 중 에어쇼바에서 에어가 빠지면서 차체가 내려앉아 운전자 얼굴에 상해를 당한 경우에는 자손보험에서 보상이 가능할까요?

Q. 자손보험에서 보상이 가능할까요?

 네, 보상이 가능합니다!

금융감독원 분쟁조정 사례인데요, 앞서 확인한 것과 마찬가지로 차량을 점검, 수리하기 위해 차량 밑으로 들어갔고 차량을 점검하던 중 에어쇼바에서 에어가 빠지면서 상해를 입었으므로, 이는 자동차의 소유, 사용, 관리 중 특히 관리에 해당되어 자손에서 보상이 가능했던 사례입니다.

 금융감독원의 분쟁조정 사례

- 차량을 점검, 수리하기 위해 차량 밑으로 들어갔다가 발생한 사고
- 이는 자동차의 소유, 사용, 관리 중 관리에 해당
- 자손 **보상 가능**

정리하자면, 자동차를 점검 또는 수리하던 중의 사고는 특별한 사정이 없는 한 자동차의 관리에 해당하므로 자기신체사고에서 대부분 보상이 이루어지고 있습니다.

자동차를 점검, 수리 중 사고는
특별한 사정이 없는 한 자손 보상 가능

Chapter

5

기타 사고

마지막으로 기타 사고에 대해서 살펴보겠습니다.

사례 1

히터를 켜놓고 눈 내리던 도로에서 사정이 좋아질 때 까지 잠을
자다가 LPG가스 누출로 인한 화재 사고로 사망한 경우

눈이 너무 많이 내려 차량을 운행할 수 없어서 히터를 켜놓고 도로 사정이 좋아질 때까지 잠을 자다가 LPG 가스가 누출되어서 이 누출로 인해 화재가 발생하고 그 화재로 사망하는 경우 자손에서 보상 가능할까요?

Q. 자손에서 보상이 가능할까요?

 네, 보상이 가능합니다!

이 사례는 대법원의 사례인데요, 눈이 많이 내려 차량을 운행할 수 없었고 추운 날씨에 히터를 켜놓을 수밖에 없었으며 차량의 LPG 가스가 누출되어 화재가 발생하였으므로 자동차의 소유, 사용, 관리에 해당한다고 판단하여 대법원에서는 자손에서 보상 가능하다고 판단했습니다.

 대법원 판례

- 눈이 많이 내려 차량을 운행할 수 없었음
- 추운 날씨에 히터를 켜놓을 수밖에 없었음
- 차량의 LPG가스가 누출되어 화재가 발생하였으므로 자손에서 **보상 가능**

운전자가 시동을 켜놓고 차 안에서 잠을 자다가
본인의 담뱃불로 인하여 발화되어 화재가 발생해서 사망한 사고

그렇다면 운전자가 시동을 켜놓고 차 안에서 잠을 자다가 본인의 담뱃불로 인하여 발화되어 화재가 발생해서 사망한 경우에도 자손에서 보상이 가능할까요?

Q. 자손에서 보상이 가능할까요?

 네, 보상이 가능합니다!

이런 사건은 과거 개정 전 약관에서는 보상되지 아니하였으나, 개정 약관에서 "피보험자동차를 운행 중 「피보험자동차가 탑승 중 충돌, 화재, 폭발, 낙하 등으로 인한 상해」는 보상한다"고 규정하고 있습니다. 시동을 켜고 있었으므로 운행 중에 해당되고, 화재로 사망하였으므로 보상대상이 되는 것입니다.

개정 전 약관 (자손)

– 보험회사는 피보험자가 피보험자동차를 소유, 사용, 관리하는 동안에 생긴 피보험자동차의 사고로 인하여 상해를 입었을 때의 손해를 보상하여 드립니다.

개정 후 약관 (자손)

– 보험회사는 피보험자가 피보험자동차를 소유·사용·관리 하는 동안에 생긴 다음 중 어느 하나의 사고로 인하여 상해를 입은 때 그로 인한 손해를 보상하여 드립니다.

1. 피보험자동차의 운행으로 인한 사고
2. 피보험자동차의 운행중 발생한 다음의 사고. 다만, 피보험자가 피보험자동 차에 탑승중일 때에 한합니다.
   가. 날아오거나 떨어지는 물체와 충돌
   나. 화재 또는 폭발
   다. 피보험자동차의 낙하

사례 3

다섯 살 아이가 자동차의 데시보드에 있던 문을 열고
성냥을 빼서 가지고 놀다가 화재로 인하여 큰 화상을 입은 사고

또 다른 사례로 다섯 살 아이가 자동차의 데시보드에 있던 문을 열고 성냥을 빼서 가지고 놀다가 화재가 발생이 큰 화상을 입은 경우에도 자손에서 보상 가능할까요?

Q. 자손에서 보상이 가능할까요?

 Yes OR **No**   보상될 수도 있고, 보상 안될 수도 있습니다!

이런 사고는 운행으로 인한 사고가 아닙니다(미국 대판). 그러나 개정된 자손보험약관에서는 운행으로 인한 사고가 아니더라도, "피보험자가 피보험자동차에 탑승 중 충돌, 화재, 폭발, 낙하 등으로 인한 상해는 보상한다"고 규정되어 있습니다. 따라서 이 건 사고 당시 시동을 켜놓고 있었다면 일단 '운행 중'에 해당되고, 피보험자(딸)가 화재로 사망한 것이므로 보상대상에 해당됩니다.

운전을 하고 가던 중 지나가는 행인이 던진 돌로 인해
차량의 앞 유리창이 깨지고, 이 파편이 운전자의 눈에
들어가서 실명을 한 사고

또 하나 금융감독원의 분쟁조정 사례인데요, 어떤 사람이 운전하고 가고 있는데 갑자기 멀리
서 지나가는 행인이 돌을 던져 차량의 앞 유리창이 깨지는 사고가 발생했습니다.
이 유리창이 깨지면서 그 파편이 운전자의 눈에 들어가 실명하게 된 실제 사례인데요.

이때 이 실명된 사람은 본인이 가입한 자동차보험 자손에서 보험금을 청구할 수 있을까요?

Q. 자손에서 보상이 가능할까요?

 네, 보상이 가능합니다!

금융감독원의 판단은 비록 지나가는 행인이 던진 돌로 인해서 유리창이 깨
졌어도, 운전자가 운전하는 중에 발생한 사고이고, 그 사고로 인해서 눈이 실
명되었기 때문에 이는 자손에서 보상금을 지급해야 한다고 판단하였습니다.

 대법원 판례

- 지나가는 행인이 던진 돌로 유리창이 깨졌지만,
- 운전 중 발생한 사고이며 그 사고로 인해 눈이 실명된 사고임
- 자손에서 **보상 가능**

정리하자면!!

다시 한 번 자손보상 여부를 정리하자면,

| 자동차로 인한 사고 | ➔ | 보상 가능 |
| 본인의 순수한 과실로 인한 사고 | ➔ | 보상 불가 |

1) 피보험자가 탑승 중이 아니었으면 운행으로 인한 사고만 보상됩니다.

2) 피보험자가 탑승 중이었으면, 운행으로 인한 사고가 아니더라도, 운행 중이었고 충돌, 화재, 폭발, 낙하 등으로 인한 상해는 보상된다는 겁니다

동일한 사고라고 하더라도

자동차 소유 · 사용 · 관리

운전자 본인의 순수한 과실 보상 불가

사례

 2011년도에 실제 발생한 사건입니다. 경사진 도로에 주차한 A씨, 그러나 경사진 도로로 인해 차량의 중심이 조수석으로 쏠려있었기 때문에 운전석 문짝을 열기가 쉽지 않았는데요. 겨우 문을 열고 나가려던 찰나에 그만 문이 급하게 닫히는 바람에 차량의 문에 손이 끼여서 손가락이 골절되는 사고가 발생하고 말았습니다. 그렇다면 이때, A씨의 보상은 어떻게 될까요?

> 운전자가 심하게 경사진 도로에 주차를 하고,
> 문을 열어서 내리던 중 문이 급하게 닫히는 바람에 손가락이 골절된 사고

앞에서 여러 사례를 통해서 어떤 경우에 자손보험금을 청구할 수 있는지, 어떤 경우에 자손보험금을 청구할 수 없는지에 대해서 배웠습니다.

그럼 이번 실제사례 사고에 대해서 독자 여러분들은 어떻게 생각하십니까?

자손에서 보상이 될까요? 안될까요?

Q. 자손에서 보상이 될까요? 안될까요?

상황에 따라서 달라질 수 있기 때문에 정답을 내리기가 쉽지 않은 것 같습니다.

처음에는 보험회사에서 자동차의 소유, 사용, 관리 중의 사고가 아니고 운전자 본인의 순수한 부주의로 인한 사고이기 때문에 자손보험금은 지급할 수 없고 면책을 통보해왔습니다.

보험회사 주장

자동차의 소유, 사용, 관리 중 발생한 사고가 **아니다**

운전자 본인의 순수한 부주의로 인한 사고이므로 **보상 불가**

그러나 필자가 운전자의 진술을 들어보고 또 실제 사고 현장에 가서 동일한 위치에 주차된 차량의 문을 열고 내리려고 해보니 경사진 도로로 인해 운전석의 문짝이 급하게 닫히는 현상을 확인할 수 있었으며, 필자 또한 재현과정에서 사고발생 위험성을 경험할 수 있었습니다.

그래서 필자는 자동차를 이용하던 중에 발생한 사고가 맞다고 판단하여, 이를 입증할 사고 현장 사진과 운전자 본인의 진술 등 사실관계를 확보하여 보험회사에 손해사정서를 제출하게 되었습니다.

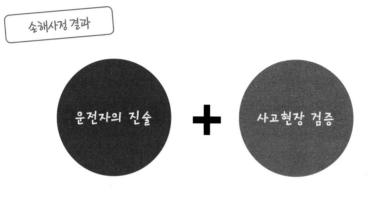

손해사정 결과

운전자의 진술 ✚ 사고현장 검증

" 자동차 운행 중 발생한 사고임을 입증 "

이후 보험회사에서 재심사를 통해 이번 사고가 자동차의 '운행으로 인한' 사고로 판단하여 자손보험금을 지급하기로 결정하였고 결국 운전자는 치료비와 후유장해보험금 등 약 2,000만 원 정도 보험금을 수령하였습니다.

운전자는 치료비와
후유장해보험금에 대한
약 2,000만 원의 보험금 수령

추후 재심사를 통해 자손보험 지급 결정

전문가 KEY NOTE

대리운전을 불렀으나 본인은 탑승하지 않고
대리운전 기사가 본인의 차를 타고 집으로 이동하던 중 발생한 사고

대리운전을 불렀으나 본인은 탑승하지 않고 대리운전 기사가 본인의 차를 타고 집으로 이동하던 중에 사고가 발생하였습니다. 이 경우에 대리운전 기사가 가입한 대리운전 보험으로 보상처리를 받을 수 있을까요?

Q. 대리운전 기사가 가입한 대리운전 보험으로 보상처리가 가능할까요?

✕ No 아니요, 보상되지 않습니다!

대게 많은 사람들이 운전자가 대리운전을 불러 대리운전 비용을 지급했기 때문에 운전자의 탑승여부와 상관없이 당연히 보상되는 거 아니냐고 반문을 제기할 수 있습니다.

그러나, 금융감독원은 '차주가 동승하지 않고, 차량만 목적지에 이동시키는 행위는 대리운전이 아니라 탁송에 해당한다'라고 판단하여 대리운전 보험회사의 면책주장을 인정하였습니다. 이는 대리운전자 보험에서 보험처리가 안된다는 의미이며, 소유자의 자동차보험에서는 대인배상Ⅰ(피해자에 대하여)과 자차보험(대리운전자도 운전 가능 조건일 때)에서 보상이 가능하고, 자차보험에서는 보상 후 대리운전자에 구상합니다.

차주가 함께 차량을 타지 않았고 대리운전 기사만 운전했기 때문에
이것은 자동차의 탁송에 해당하므로 자손에서 **보상 불가**

금융감독원의 판단

따라서 대리운전을 이용하실 때에는 차량만 보내면 절대 안 됩니다. 다만 누구나 운전가능 조건이면 소유자의 손해는 보상되므로 소유자 입장에서는 문제 없습니다.

그러나 친구와 함께 술을 먹고 차량 두 대에 대리운전을 불렀으나, 한 차량에 친구와 함께 탑승하고 다른 차량에는 대리기사만 운전한 경우에는 자동차의 탁송이 아닌 대리운전으로 보아 대리운전보험으로 보상해야 한다는 금융감독원의 분쟁조정사례도 있습니다.

PART 06

이런 사고도
자동차사고일까요?

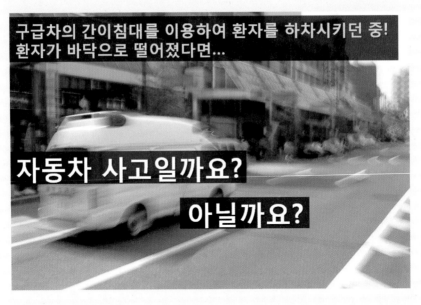

구급차로 환자를 병원에 호송한 후 구급차에 비치된 들것, 간이침대를 이용하여 환자를 하차시키던 도중 들것을 잘못 조작해서 환자가 땅에 떨어져 상해를 입었다면, 이런 사고는 자동차사고일까요? 아니면 자동차사고가 아닐까요?

이런 사고도 자동차사고일까요?

제5장에서는 자기신체사고에 대해서 알아보았습니다. 자동차의 소유, 사용, 관리 중 사고피보험자(탑승중, 충돌, 화재, 폭발, 낙하 등 포함)라면 운전자 또는 가족들은 자손보험을 청구할 수 있고, 순수한 본인과실 사고라면 자손보험을 청구할 수 없다고 배웠습니다.

> ### 이런 사고도 자기신체사고에서 보상이 될까요?

- 자동차의 소유, 사용, 관리 중 사고라면 자손보험에서 청구 가능
- 순수한 본인과실 사고라면 자손보험에서 청구 불가

제6장에서는 단순한 자손사고를 넘어서, 과연 어디까지가 자동차사고인지를 알아보는 시간을 갖겠습니다.

우리 삶속에서는 자동차를 중심으로 다양한 사건사고들이 발생합니다. 누가 봐도 확실한 자동차사고의 경우에는 논란이 발생하지 않겠지만, 다양한 사건사고들 중에는 과연 이러한 사고도 자동차사고인지 궁금할 때가 많습니다.

만약, 어떠한 사고가 자동차사고라면 타인에 대한 손해에 있어서 대인배상 I·II로 모두 보상을 청구할 수 있는 것입니다.

그래서, 이번 제6장에서는 '이런 사고도 자동차사고일까요?'라는 주제로 사례를 통해 하나하나 알아보도록 하겠습니다.

> ### 이런 사고도 자동차사고일까요?

- 어떠한 사고가 자동차의 운행 중 사고 즉, 소유, 사용, 관리 중 발행한 사고라면, 피해자는 대인배상 I·II로 모두 보상을 청구 가능

O/X QUIZ 다음 자동차사고에 대한 설명을 읽고 답하시오.
 ① 아파트에서 차량을 주차 중 옥상에서 사람이 자동차 위로 떨어져 사망 사고가 발생한 경우 자동차사고이다 ( )
 ② 콘크리트 펌프카의 펌프에서 새어 나오는 콘크리트에 의해서 지나가던 통행인이 부상을 당한 경우 자동차사고이다 ( )

정답 X / O

해설 ①은 자동차사고에 해당하지 않지만 ②는 자동차사고에 해당되어 통행인은 대인배상 I, II로 보상받을 수 있습니다.

제6장에서 진행할 사례의 주제는 아래와 같습니다.

① 차량에서 잠을 자다가 발생한 사망 사고	⑤ 관광버스 승객과 관련된 사고
② 자동차와 관련된 폭발 사고	⑥ 자동차와 관련된 총기 사고
③ 자동차 수리 중 발생한 사고	⑦ 기타 사고
④ 자동차와 관련된 작업 중 사고	

차량에서 잠을 자다가(질식사) 발생한 사고

사례 1 차량에서 잠을 자다가 사망(질식사)사고가 발생한 사례

승용차를 운전하다가 졸음이 와서 국도에서 빠져서 동네 쪽으로 들어가 나무 아래에 주차한 후 방한 목적으로 시동을 켜서 히터를 켜놓은 상태에서 잠을 자다가 일가족이 질식사한 사고가 있었습니다. 이런 경우는 자동차사고일까요? 아닐까요?

Q. 자동차사고일까요? 아닐까요?

 No 자동차사고가 아닙니다!

만약 자동차사고라면 탑승한 가족은 대인배상 또는 자손으로 보상이 이루어질 것이며, 자동차사고가 아니라면 아무런 보상도 받지 못할 것입니다. 이 경우 대법원은 자동차사고가 아니 판단했습니다.

대법원 판례

사건 개요

승용차를 운전하다가 졸음이 와서 국도로 빠져서 동네쪽으로 들어가 나무 아래에 주차를 한 후 방한 목적으로 시동을 켜서 히터를 켜 놓은 상태에서 잠을 자다가 일가족이 질식사한 사고

판례

자동차사고가 아니므로 보상 불가

사례 2 지하 주차장에서 남녀가 히터를 켜놓고 휴식을 취하던 중 질식사한 사례

첫 번째 사례와 비슷한 경우로 이번에는 지하 주차장에서 남녀가 히터를 켜놓고 휴식을 취하던 중 질식사한 사례입니다.

Q. 자동차사고일까요? 아닐까요?

 자동차사고가 아닙니다!

이 경우도 대법원은 자동차사고가 아니라고 판단했습니다.

 대법원 판례

> **사건 개요**
> 지하 주차장에서 남녀가 히터를 켜놓고 휴식을 취하던 중 질식사한 사고
>
> **판례**
> 자동차사고가 아니므로 **보상 불가**

Q. 자동차 소유, 사용, 관리의 판단 기준은?

자동차사고의 판단 기준은 '자동차의 소유, 사용, 관리 중'의 사고를 말하지만, 이를 사건별로 적용하기는 절대 쉽지 않습니다.

위의 대법원 사례들은 과거에 발생한 사고로 자동차사고가 아니라고 판단하였지만, 지금 이러한 사고들이 최근에 발생해 다시 대법원의 판단을 받는다면 자동차사고로 인정될 가능성이 매우 높을 것으로 필자는 판단하고 있습니다.

이 사례들은 약 20년 전의 판례이고 과거에는 자동차에서 수면을 취하거나 휴식을 취하는 등 레저용으로 이용하기보다는 오로지 운전이나 운반 등의 수단으로 이용하였기 때문에 그 당시 대법원은 자동차의 소유, 사용, 관리로 보지 않았지만, 지금은 자동차의 사용범위가 확대되어 레저용 차량도 있고, 캠핑카도 있어서 차량에서 잠을 자거나 쉬는 행위가 우리에게 상식이 되었기 때문입니다.

이렇듯 자동차의 소유, 사용, 관리의 범위는 시대의 흐르에 따라서 점점 확대되고 있다고 생각하시면 좀 더 이해가 될 것 같습니다.

> 66 자동차의 소유, 사용, 관리의 판단은
> 시대의 흐름에 따라서 점점 확대되고 있음 99

미국 자동차 보험 약관이 자동차사고의 범위를 '소유, 사용, 관리'로 정의하고 있으며, 일본도 그 약관에 따라서 소유, 사용, 관리로 그리고 우리나라는 일본의 약관을 따라서 소유, 사용, 관리로 동일한 용어를 쓰고 있습니다.

하지만, 그 범위를 해석할 때에 미국과 일본은 좀 더 광의적으로 해석하고 있으며, 우리나라는 아직 그에 비해 협의적으로 해석하고 있습니다.

그러나 앞으로는 우리나라도 미국과 일본의 전례를 따라 점점 광의적으로 폭넓게 해석할 것으로 필자는 판단하고 있습니다.

미국의 보험 약관을 따라서 세 국가 모두
'자동차의 소유, 사용, 관리'라는 개념을 적용하고 있음

- 미국, 일본은 그 범위를 광의적으로 해석하고 있음
- 한국도 미국과 일본처럼 '자동차의 소유, 사용, 관리'라는 개념을 점차 광의적으로 해석할 것으로 예상됨

자동차와 관련된 폭발 사고

사례 1 | 사제 폭발물이 폭발하여 택시 승객이 부상한 사고

새벽 회사 근처에 세워둔 택시에 신원 미상인이 사제 폭발물을 설치하였고, 이를 모르고 운전하다가 폭발하여 탑승하고 있는 승객이 부상한 사고는 과연 자동차사고일까요? 아닐까요?

Q. 자동차사고일까요? 아닐까요? 그리고 보상은 가능할까요?

만약에 자동차사고라면 승객은 자동차 보험에서 대인배상Ⅰ·Ⅱ로 보상처리를 받을 것이고, 자동차사고가 아니라면 자동차 보험에서 보상받지 못할 것입니다.

 Yes 자동차사고가 맞습니다.

 대법원 판례

사건 개요

새벽에 회사 근처에 세워둔 택시에 신원 미상의 자가 사제 폭발물을 설치하였고, 이를 모르고 운전하다가 폭발물이 폭발해서 탑승하고 있는 승객이 부상한 사고

판례

자동차의 소유, 사용, 관리 중 발생한 사고이므로 **보상 가능**

사례 2 LPG 가스의 폭발로 차량에서 잠을 자던 운전자가 사망한 사고

이번에는 심야에 LPG 승용차를 운전 중 갑자기 눈이 내려 도로상태가 좋아질 때까지 잠시 휴식을 취할 목적으로 도로 주변에 주차하고 시동을 켠 채 잠을 자다가 LPG 가스의 폭발로 운전자가 사망한 사례입니다.

이런 사고는 자동차사고일까요?

Q. 자동차사고일까요? 아닐까요?

 자동차사고가 맞습니다!

대법원에서는 이런 경우, '자동차사고가 맞다.'라고 판단했습니다. 자동차의 소유, 사용, 관리로 판단한 거지요.

 대법원 판례

사건 개요

심야에 LPG 승용차를 운전 중 갑자기 눈이 내려 도로상태가 좋아질 때까지 잠시 휴식을 취할 목적으로 도로 주변에 주차를 하고 시동을 켠 채 잠을 자다가 LPG가스의 폭발로 운전자가 사망한 사고

판례

자동차의 소유, 사용, 관리 중 발생한 사고이므로 **보상 가능**

자동차 수리 중 발생한 사고

사례 1 타이어 수리 중 망치질 하다가 발생한 사고

운전자가 타이어를 수리하고 난 뒤에 타이어 바퀴의 테를 끼우기 위해 망치질을 하다가 그 망치질로 인해서 상해를 입은 사고입니다.

이런 경우에는 자동차사고일까요? 아닐까요?

Q. 자동차사고일까요? 아닐까요?

 자동차사고가 맞습니다!

미국에서 발생한 사고인데요, 이 사례는 자동차사고로 보아 보상이 이루어졌습니다. 하지만 우리나라에서 이런 사고가 발생했다면 아직은 자동차사고로 보지 않았을 것입니다. 우리나라에서는 본인의 순수한 망치질 과실로 판단하여 자동차사고가 아니라고 할 가능성이 높기 때문입니다.

> 동일한 사고가 한국에서 발생했다면, 자동차사고로 인정하지 않았을 것으로 보임

 미국 대법원 판례

사건 개요

타이어를 수리하고 난 뒤에 타이어 바퀴의 테를 끼우기 위해 망치질을 하다가 그 망치질로 인해서 상해를 입은 사고

판례

자동차의 소유, 사용, 관리 중 발생한 사고이므로 **보상 가능**

사례 2 트레일러 적재함에 설치된 쇠파이프를 떼는 과정에서 지나가는 행인을 충격한 사고

트레일러 적재함에 설치된 쇠파이프 용접 부분이 떨어져서 이것을 아예 떼어버리려고 쇠파이프를 적재함에서 지렛대를 이용해 떼는 과정에서, 쇠파이프가 떨어져 나가면서 트레일러 옆을 지나가던 행인을 충격하여 다리를 다친 사고입니다.

이런 경우에는 자동차사고일까요? 아닐까요?

Q. 자동차사고일까요? 아닐까요?

 자동차사고가 아닙니다!

이 경우에는 자동차사고가 아니라고 판단했습니다. 자동차의 용접 부분이 떨어져서 쇠파이프에 연결되어있는 것은 자동차의 고유장치가 아니라고 판단하였으며, 이를 떼어내는 작업도 자동차의 수리가 아니라고 판단한 것입니다.

> 본 사례는 자동차의 수리로 보지 않음

 대법원 판례

사건 개요

트레일러 적재함에 설치된 쇠파이프 용접 부분이 떨어져서 이것을 아예 떼어버리려고 쇠파이프를 적재함에서 지렛대를 이용해서 빼는 과정에서, 트레일러 옆을 지나가던 행인을 충격한 사고

판례

자동차의 소유, 사용, 관리 중 발생한 사고가 아니므로 **보상 불가**

운전자가 운전하다가 타이어가 파손되어 이를 살펴보기 위해 도로변에 차를 정차시킨 후, 하차하여서 타이어를 살피다가 다른 자동차에 의해서 사고를 당한 경우입니다.

다시 말하면, 차에 이상이 있어서 차를 살피기 위해서 잠시 주차하고 도로변에 나와서 살피던 중에 지나간 차에 사고를 당한 사례입니다.

이런 경우에 보상은 어떻게 될까요?

Q. 자동차사고일까요? 그리고, 보상은 어떻게 될까요?

✕ No   **자동차사고가 아닙니다! 보상 또한 불가합니다.**

먼저, 지나가는 차량에 의해서는 교통사고가 발생하였기 때문에 당연히 그 차량의 대인배상 I · II 에서 보상이 이루어질 것입니다. 그리고 만약 본인차량의 입장에서 자동차사고에 해당된다면 본인과실만큼 보상받지 못한 손해를 자손에서 청구할 수 있을 것입니다.

대법원 사례인데요. 대법원은 이번 사고에 대해서 본인자동차에 대해서는 '자동차사고가 아니다.'라고 판단했습니다.

이미 본인자동차에서 내렸고, 본인 자동차와 무관하게 다른 자동차에 의해 사고가 발생했기 때문에 본인 자동차에 대해서는 자동차사고가 아니라고 판단하였습니다.

> 본인 자동차와 무관하게 다른 자동차에 의해 사고가 발생함.
> 본인 자동차에 대해서는 자동차의 소유, 사용, 관리 중 사고가 아니라고 판단함

대법원 판례

사건 개요

피보험자동차를 운전하다가 타이어가 파손되어 이를 살펴 보기 위해 도로변에 차를 정차시킨 후에 하차해서 살피다가 다른 자동차에 의해서 사고를 당한 경우

판례

가해차량의 자동차사고에는 해당되지만, 본인 차량에서는 자동차의 소유, 사용, 관리 중 발생한 사고가 아니므로 **보상 불가**

Chapter

4

자동차와 관련된 작업 중 사고

사례 1 **자동차 적재함에 나무를 내리던 중 추락한 사고**

이번 사례는 자동차 적재함에 실어놓은 나무를 내리던 중에 흔들리는 진동으로 인해 인부가 추락한 사고입니다.

인부가 적재함 나무에 올라가 발판 위에 발을 올려놓고 작업을 하고 있었는데, 나무를 내리는 과정에서 나무의 무게로 인해 진동이 발생하였고 위에 있던 인부가 갑자기 흔들리는 발판으로 인해 아래로 추락해서 상해를 입은 사례입니다.

이런 경우에는 자동차사고일까요? 아닐까요?

Q. 자동차사고일까요? 아닐까요?

 No 아니요, 자동차사고가 아닙니다!

대법원은 이 사고를 '자동차사고가 아니다.'라고 판단했던 사례가 있습니다.

 대법원 판례

사건 개요

인부가 적재함에 실은 나무를 내리는 업무를 하던 중, 그 인부는 나무 위에 올라서서 작업을 하고 있었는데, 나무를 내리던 중 발생한 진동으로 인하여 바닥으로 추락한 사고

판례

자동차의 소유, 사용, 관리 중 발생한 사고가 아니므로 **보상 불가**

이번 사례는 화물차에 물건을 싣고 정리하기 위해서 작업을 하다가 화물칸에 있던 짐이 흔들리면서 중심을 잃고 넘어진 사고 사례입니다.

이런 경우에는 자동차사고일까요? 아닐까요?

Q. 자동차사고일까요? 아닐까요?

 자동차사고가 맞습니다!

2007년도 대법원 판례입니다. 이 경우에는 대법원에서는 '자동차사고가 맞다.'라고 판단했습니다.

*아마도 첫 번째 사례의 경우*도 같은 시기에 판결을 받았다면, '자동차사고가 맞다.'라고 판단할 가능성이 더 높다고 필자는 생각합니다.

이렇듯 대법원은 자동차 소유, 사용, 관리의 범위를 점점 확대해석하고 있고, 더 나아가 우리 생활에서 자동차의 활용도가 높아질수록 자동차의 소유, 사용, 관리의 개념도 더욱 확대될 것으로 생각됩니다.

자동차사고의 범위가 점점 확대해서 되고 있음

 대법원 판례

[사건 개요]

화물차에 물건을 싣고 정리하기 위해서 위에서 작업을 하다가, 화물칸에 있던 짐이 흔들리면서 중심을 잃고 넘어진 사고

[판례]

자동차의 소유, 사용, 관리 중 발생한 사고이므로 **보상 가능**

사례 3 **콘크리트 펌프카에서 콘크리트가 새어 나와 보행자가 부상을 당한 사례**

이번 사례는 콘크리트 펌프카에서 작업 중에 콘크리트가 새어 나와 그 근처를 지나가던 보행자가 큰크리트 액체에 미끄러져 부상을 당한 사례입니다.

이런 경우에는 자동차사고일까요? 아닐까요?

Q. 자동차사고일까요? 아닐까요?

만약에 자동차사고가 맞다면, 콘크리트 펌프카 보험회사에서 보행자에 대해 보상할 것이고, 자동차사고가 아니라면 보상하지 않겠지요.

> 자동차사고가 맞는 경우 ⟶ 보행자 대인배상 Ⅰ · Ⅱ 보상

 Yes **자동차사고가 맞습니다!**

이 경우에는 자동차사고로 인정된 사례입니다.

이는 자동차를 사용하다가 그 자동차에 적재된 내용물인 콘크리트로 인해서 보행자가 부상을 당했기 때문에 자동차의 소유, 사용, 관리 중 사고로 보아 자동차사고로 판단한 것입니다.

> 자동차에 적재된 내용물로 인해 보행자가 부상을 입었기 때문에
> 자동차의 소유, 사용, 관리 중 발생한 사고로 판단함

 대법원 판례

사건 개요

콘크리트 펌프카에서 작업하다가 펌프에서 새어나온 콘크리트로 인해서 보행자가 부상을 입은 사고

판례

자동차의 소유, 사용, 관리 중 발생한 사고이므로 **보상 가능**

사례 4 지게차를 이용하여 화물차에 적재하던 중 적재물이 떨어지면서 밑에서 작업하던 인부가 사망한 사고

이번 사례는 화물차는 서 있고 지게차가 오가면서 각재를 적재하던 중에 그 적재물이 균형을 잃고 아래로 떨어지면서 화물차 밑에서 작업하던 인부가 사망한 사례입니다.

이런 경우에 화물차입장에서와 지게차입장에서 각각 자동차사고에 해당될까요? 안될까요?

Q. 화물차, 지게차 각각 자동차사고일까요? 아닐까요?

 화물차 입장에서는 자동차사고가 아닙니다!

 지게차입장에서는 자동차사고가 맞습니다!

대법원은 화물차 입장에서는 '자동차사고가 아니다.'라고 판단했습니다. 다만, 지게차의 작업 중 발생하였기 때문에 지게차 입장에서는 자동차사고가 맞다고 판단하였습니다.

| 화물차 입장 | ➡ | 자동차사고가 아니다 | | 지게차 입장 | ➡ | 자동차사고가 맞다 |

 대법원 판례

사건 개요

화물차는 서있고 지게차가 오가면서 각재를 적재했는데, 그 적재가 균형을 잃고 떨어지면서 밑에서 작업하던 사람이 사망한 사고

판례

① **화물차** 입장에서 **자동차사고가 아니다.**
② **지게차** 입장에서 **자동차사고가 맞다.**

사례 5 **구급차의 간이침대로 환자를 이동 중 환자가 땅에 떨어진 사고**

이번 사례는 구급차를 이용해서 병원에 호송한 후 구급차에 비치된 들것, 즉 간이침대로 환자를 태우고 가다가 하차시키던 중에 잘못 조작해서 환자가 땅에 떨어져 상해를 입은 사례입니다.

이런 경우 자동차사고일까요? 아닐까요?

Q. 자동차사고일까요? 아닐까요?

 Yes **자동차사고가 맞습니다!**

이 경우에는 '구급차의 자동차사고로 인정'된 사고입니다

 대법원 판례

사건 개요

구급차를 이용해서 병원에 호송한 후 구급차에 비치된 들것(간이침대)으로 환자를 태우고 가다가 하차시키던 중에 들것을 잘못 조작해서 환자가 땅에 떨어져 상해를 입은 사고

판례

자동차의 소유, 사용, 관리 중 발생한 사고이므로 **보상 가능**

사례 6 불도저의 운전자가 화물차에 불도저를 상차하기 위해서 운전해 올라가다가 불도저 운전자의 과실로 전복되어 사망한 사례

이번 사례는 불도저의 운전자가 화물차에 불도저를 상차하기 위해서 운전해 올라가다가 불도저 운전자의 과실로 전복되어 사망한 사례입니다.

이런 경우에 화물차입장에서와 불도저입장에서 각각 자동차사고에 해당될까요? 안될까요?

Q. 화물차, 불도저 각각 자동차사고일까요? 아닐까요?

 화물차 입장에서는 자동차사고가 아닙니다!

 불도저 입장에서는 자동차사고가 맞습니다!

이번 사고는 단순히 불도저 운전자의 과실로 판단하여 화물차 입장에서는 자동차 사고가 아닌 걸로 결정된 판례이며, 다만, 불도저의 소유·사용·관리 중 사고에 해당된다고 판단하였습니다.

 ➡ 자동차사고가 아니다   **➡ 자동차사고가 맞다**

대법원 판례

[사건 개요]

불도저의 운전자가 화물차에 불도저를 상차하기 위해서 운전대에 올라가다가 불도저 운전자의 과실로 불도저가 전복되어 사망한 경우

[판례]

① **화물차** 입장에서 **자동차사고가 아니다.**
② **불도저** 입장에서 **자동차사고가 맞다.**

사례 7 화물차의 밧줄을 작업하던 중 그 밧줄에 이륜차가 걸려 넘어져 발생한 사고

마지막 사례로 화물차의 밧줄을 작업하던 중에 밧줄을 힘껏 잡아당겨서 반대편 도로로 잡아당겼는데, 이 밧줄이 도로 반대쪽으로 넘어가면서 지나가는 이륜차에 걸려 이륜차를 운전하던 운전자가 사망한 사고입니다.

이 경우에는 자동차사고일까요? 아닐까요?

Q. 자동차사고일까요? 아닐까요?

 자동차사고가 아닙니다!

결론은 화물차 입장에서 자동차사고가 아닌 것으로 결정이 났습니다.

아마도 대법원은 자동차의 소유, 사용, 관리 중 발생한 사고가 아니라 밧줄을 던지며 작업 중이던 개인의 순수한 과실사고로 판단한 것으로 보입니다.

 대법원 판례

사건 개요

화물차의 밧줄이 반대편 도로로 넘어가면서 이 밧줄에 이륜차가 걸려 이륜차 운전자가 사망한 사고

판례

자동차의 소유, 사용, 관리 중 발생한 사고가 아니므로 **보상 불가**

Chapter 5

관광버스 승객과 관련된 사고

사례 1 고속도로 갓길에서 관광버스가 잠시 정차하여 승객이 하차한 경우에 승객의 지위는?

고속도로에 갓길에 정차하여 관광버스가 잠시 정차하고 승객이 하차하는 경우가 종종 발생하는데요.

만약 이 경우 잠시 하차한 사람은 계속 승객으로 볼 수 있을까요? 볼 수 없을까요?

Q. 승객으로 볼 수 있을까요? 볼 수 없을까요?

 승객에 해당 합니다!

2008년도의 판결인데요, 잠시 관광버스에서 하차한 경우에도 승객에 해당한다는 것이 대법원의 판결입니다.

따라서 고속도로에 정차된 관광버스에서 잠시 하차한 승객은 승객의 지위에 유지하고 있다는 것이 대법원의 입장입니다. 이를 해석해보면, 고속도로에서 잠시 정차 중에 승객이 하차하여 어떠한 안전사고가 발생한다면, 관광버스 회사는 승객으로서 보호하지 못한 과실 책임이 있으므로 손해배상책임을 면하지 못한다는 얘기입니다.

 대법원 판례

고속도로 갓길에 고속버스가 정차하여 승객이 하차했어도
승객은 고속버스 승객에 해당된다. (2008년도 판결)

사례 2 관광버스에서 하차한 승객이 고속도로를 횡단하다가 다른 차에 사고를 당해 사망한 사고

관광버스가 고속도로의 갓길에 정차하여 술 취한 승객이 잠시 하차한 상태에서 관광버스가 이 승객이 탑승하지 않은 사실을 모른 채 먼저 출발하여 술에 취한 승객이 고속도로를 횡단하다가 지나가던 다른 차에 의해서 사고를 당해 사망한 사고입니다.

이런 경우에는 먼저, 지나가는 차량에 의해 발생한 사고이므로 그 차량 입장에서는 자동차사고가 맞습니다.

다만, 이때 관광버스 입장에서 자동차사고인지의 여부가 문제입니다.

만약 관광버스의 자동차사고에 해당된다면, 관광버스 보험회사에서 보상이 이루어 질 것이며, 자동차사고가 아니라면 보상이 이루어지지 않을 것입니다.

Q. 자동차사고일까요? 아닐까요?

✕ No 자동차사고가 아닙니다!

자동차사고가 아닌 것으로 결정되었습니다. 대법원은 이번 사고가 관광버스의 소유, 사용, 관리 중의 사고가 아니라고 판단하였습니다.

다만, 앞서 살펴본 것처럼 망인은 승객의 지위에 있기 때문에 관광버스 회사는 승객을 보호할 책임이 있으며, 승객을 태우지 않고 출발한 과실 등 안전을 배려하지 못한 책임을 면하지 못한다는 판결입니다.

정리하자면, 관광버스의 자동차사고가 아니므로 자동차보험에서 보상되지 않지만, 승객으로서의 안전배려를 하지 못한 관광버스회사는 책임을 져야 한다는 것입니다.

관광버스 자동차사고는 아니므로 자동차보험에서 보상불가
다만, 관광버스회사는 책임을 져야 함

대법원 판례

사건 개요

- 관광버스가 고속도로 갓길에 정차하여 승객이 잠시 하차를 함
- 술에 취한 승객이 탑승하지 않은 것을 모르고 관광버스는 그대로 출발
- 이 승객이 술에 취한 상태에서 고속도로를 횡단하다가 지나가던 다른 차에 사고를 당해 사망한 사고

판례

관광버스 자동차의 소유, 사용, 관리 중 발생한 사고가 아니므로 **보상 불가**

다만, 버스회사는 책임 있음

관광버스 입장에서 자동차사고인지 아닌지가 왜 중요할까요?

관광버스 입장에서 볼 때에는 자동차사고가 맞는다면, 관광버스가 가입한 자동차종합보험에서 보험처리를 모두 해주기 때문에 회사의 부담이 없겠지만, 자동차사고가 아니므로 자동차보험 회사에서는 보험금을 지급하지 않을 것이며, 비록 술에 취한 승객이지만, 고속도로 운행 중에 잠시 정차하여 내린 상태에서도 승객의 지위에 있으므로 관광버스 운전자 및 회사는 안전을 배려할 책임을 져야 하고, 과실만큼 민사책임을 부담해야 하는 결론이 됩니다.

따라서 관광버스회사 입장에서는 관광버스의 자동차사고인지 아닌지가 매우 중요하겠지요.

사례 3 관광버스에서 하차한 승객이 소변을 보다가 하천으로 추락하여 사망한 사고

다음은 고속도로 갓길에 하차한 후 승객들이 소변을 본 후 한 승객이 타지 않은 것을 모르고 그대로 출발하였는데 남은 승객이 하천으로 추락하여 사망한 사고입니다.

이 경우에는 자동차사고일까요? 아닐까요?

Q. 자동차사고일까요? 아닐까요?

 자동차사고가 아닙니다!

따라서 관광버스 자동차 보험은 처리되지 않았습니다. 다만, 망인은 승객의 지위에 있기 때문에 버스회사에 대한 책임이 인정되어서, 버스회사에서 모두 책임을 진 사고입니다.

 대법원 판례

사건 개요

• 관광버스가 고속도로 갓길에 하차한 후 승객들이 소변을 본 후, 한 승객이 타지 않은 것을 모르고 그대로 출발함
• 버스에 타지 못한 승객이 하천으로 추락하여 사망한 사고

판례

관광버스 자동차의 소유, 사용, 관리 중 발생한 사고가 아니므로 **보상 불가**

다만, 버스회사는 책임 있음

Chapter 6

자동차와 관련된 총기사고

사례 1 차를 정차한 후 사슴을 향해 쏜 총알이 지붕을 뚫고 나가 조수석에 탑승한 사람이 맞아 사망한 사고

세 명의 친구와 차를 사용하여 수렵 나간 운전자가 마침 발견한 사슴을 쏘고자 정차한 후 차의 지붕을 받침대로 삼고 총을 쏘았습니다. 그런데 사슴을 향해 쏜 총알이 지붕을 뚫고 조수석에 탑승한 사람을 향해서 사망한 사고입니다.

이런 경우 자동차사고일까요? 아닐까요?

Q. 자동차사고일까요? 아닐까요?

 Yes 자동차사고가 맞습니다!

미국의 판례인데요, 미국에서는 자동차의 소유, 사용, 관리로 보아 자동차사고로 인정한 판례입니다.

  미국 대법원 판례

사건 개요

세 명의 친구와 차를 사용하여 수렵 나간 운전자가 보험계약자가 발견한 사슴을 쏘고자 정차한 차의 지붕을 받침대로 삼고 총을 쏘았는데, 이 총알이 뚫고 나가 조수석에 탑승한 사람이 맞아서 사망한 사고

판례

자동차의 소유, 사용, 관리 중 발생한 사고이므로 **보상 가능**

사례 2 자동차 뒤 창을 통해 총을 차내에 들여오는 순간 총이 오발되어서 차 안에 있던 친구가 중상을 입은 사고

이번에는 친구와 수렵을 가서 차량을 정차하고 뒤 창을 통해 총을 차내에 들여오는 순간 총이 오발되어서 차 안에 있던 친구가 중상을 입은 사고입니다.

Q. 자동차사고일까요? 아닐까요?

 자동차사고가 맞습니다!

이런 경우에서도 미국에서는 자동차사고로 인정되어 보상을 받은 사례입니다. 하지만 한국에서 이러한 사고가 발생한다면 아직은 총기 사고이기 때문에 자동차사고로 인정되지 않을 것입니다. 한국은 총기 소지가 불법인 점과 자동차의 소유, 사용, 관리의 범위를 미국보다 협의적으로 해석하는 점을 볼 때에는 동일한 사고에서 우리나라에서는 자동차사고로 인정되지 않을 가능성이 매우 높습니다.

다만, 자동차의 소유, 사용, 관리의 개념을 미국처럼 점점 확대하고 있는 점을 볼 때에는 앞으로 우리나라에도 이런 사고가 발생한다면, 미국처럼 자동차사고로 인정될 가능성이 있다고 생각됩니다.

> 한국에서는 자동차사고로 보기 어려움. 다만, 자동차 소유, 사용, 관리의 개념이
> 점점 확대되고 있어 추후에는 인정될 가능성이 있음

 미국 대법원 판례 🇺🇸

사건 개요

친구와 수렵을 가서 차를 정차하고, 뒤 창을 통해 총을 차내로 들여오는 순간 총이 오발되어서 차 안에 있던 친구가 중상을 입은 사고

판례

자동차의 소유, 사용, 관리 중 발생한 사고이므로 **보상 가능**

기타 사고

마지막으로 기타 사고 사례를 살펴보겠습니다.

독자 여러분 잘 따라오고 계시지요? 자동차의 소유, 사용, 관리를 판단한다는 것은 전문가의 입장에서 볼 때에도 매우 어려운 부분인 것 같습니다.

그래서 재미있게 사례를 통해서 이해하시고 가볍게 참고하시면 좋을 것 같습니다.

사례 1 아파트 옥상에서 사람이 자동차 위로 떨어져서 사망한 사고 사례

아파트에 차량을 주차해 놓았는데, 아파트 옥상에서 사람이 떨어지면서 자동차 위로 떨어져서 사망한 사고입니다.

자동차 입장에서 볼 때 자동차사고일까요? 아닐까요?

Q. 자동차사고일까요? 아닐까요?

 자동차사고가 아닙니다!

'자동차사고가 아니다.'라고 결정 났습니다.

 대법원 판례

사건 개요

아파트에 차량을 주차해 놓았는데, 아파트 옥상에서 사람이 자동차 위로 떨어져서 사망한 사고

판례

자동차의 소유, 사용, 관리 중 발생한 사고가 아니므로 **보상 불가**

사례 2 차량이 다리 위의 피난용 공간의 난간에 부딪쳐 충격을 받고 운전자는 빠져 나왔지만, 이외의 사람들은 하천으로 추락해 사망한 사고

영화의 한 장면처럼 운전자가 다리 위의 피난용 공간의 난간에 부딪쳐 충격을 받고 추락하기 직전에 다리에 아슬아슬하게 걸쳐 있었는데, 이때 운전자는 조수석 문을 통해서 탈출하였고, 차량 안에 있었던 남은 사람들은 빠져나오던 중에 흔들거리던 차량이 하천으로 떨어져 모두가 사망한 사고입니다.

이 경우에는 자동차사고일까요? 아닐까요?

Q. 자동차사고일까요? 아닐까요?

 Yes **자동차사고가 맞습니다!**

일본에서 발생한 사고인데요. 자동차의 소유, 사용, 관리중 발생한 사고로 보아 자동차사고로 인정되었습니다.

 일본 대법원 판례

사건 개요
- 차량이 다리 위의 피난용 공간의 난간을 충격
- 운전자는 추락하기 직전에 조수석 문을 통해 탈출
- 이외의 사람들이 차량을 빠져 나오던 중, 흔들거리던 차량이 하천으로 떨어져 모두가 사망한 사고

판례
자동차의 소유, 사용, 관리 중 발생한 사고이므로 **보상 가능**

이번에는 앞서 운행하는 화물차가 있었고, 뒤따라가는 차량이 차선을 변경하려고 하던 중에 앞 차량의 철판이 날아오는 것을 미처 피하지 못해 조수석에 있는 탑승자가 상해를 입은 사고입니다.

이 경우에는 자동차사고일까요? 아닐까요?

Q. 자동차사고일까요? 아닐까요?

 자동차사고가 맞습니다!

이 경우에도 자동차의 소유, 사용, 관리중 발생한 사고로 보아 자동차사고로 인정된 사례입니다.

 대법원 판례

사건 개요

화물차를 뒤 따라가던 차량이 차선을 변경하려고 하던 중, 앞 차량의 철판이 날아오는 것을 피하지 못해 조수석에 있는 탑승자가 상해를 입은 사고

판례

자동차의 소유, 사용, 관리 중 발생한 사고이므로 **보상 가능**

사례 4 방파제 출입 금지구역을 무시하고 운전하던 중, 파도에 휩쓸려 탑승객 14명이 익사한 사고

태풍이 불어서 방파제의 출입이 금지되는 경우가 있죠. 방파제의 출입이 금지되었는데 이를 무시하고 방파제를 넘어서 운전하던 중에 파도에 휩쓸려서 탑승객 14명이 익사하는 사고가 발생했습니다.

이런 경우에는 자동차사고일까요? 아닐까요?

 Q. 자동차사고일까요? 아닐까요?

 자동차사고가 맞습니다!

이 경우에 법원에서는 '자동차사고가 맞다.'라고 판단하여 자동차 보험 대인배상 I·II 에서 보상이 이루어졌습니다.

대법원 판례

[사건 개요]
태풍이 불어서 방파제의 출입이 금지되었는데, 이를 무시하고 방파제를 넘어서 운전하던 중 차가 파도에 휩쓸려 탑승객 14명이 익사한 사고

[판례]
자동차의 소유, 사용, 관리 중 발생한 사고이므로 **보상 가능**

이번 사례는 좁은 도로에서 멀리 자동차가 달려오는 것을 보고 자동차를 피하려고 잠시 도로 옆에 비켜 서 있다가 실족하여서 우물에 빠져 익사한 사고가 발생했습니다.

이런 경우에는 자동차사고일까요? 아닐까요?

Q. 자동차사고일까요? 아닐까요?

 자동차사고가 아닙니다!

분명히 자동차를 피하려고 망인이 옆으로 비켜 서 있다가 발생한 사고이므로 자동차사고가 아니냐? 라고 생각할 수 있을 것 같은데, 이 경우에는 '자동차로 인한 소유, 사용, 관리 사고가 아니다.'라고 해서 보상 처리가 되지 않은 사례입니다.

아마도, 대법원은 자동차사고로 인한 사망사고로 보지 않고, 피해자의 순수한 실족에 의한 사고로 판단한 것으로 보입니다.

 대법원 판례

사건 개요

멀리서 자동차가 달려오는 것을 보고 좁은 도로에서 자동차를 피하기 위해 잠시 도로 옆으로 비켜 서 있다가 실족하여서 우물에 빠져 익사한 사고

판례

자동차의 소유, 사용, 관리 중 발생한 사고가 아니므로 **보상 불가**

사례 6　과속으로 달리는 자동차로 인해 자전거를 타고 가던 사람이 놀라서 넘어진 사고

좁은 도로에서 근접해서 과속으로 달리는 자동차에 자전거를 타고 가던 사람이 순간 놀라서 균형을 잃고 넘어져 자전거 운전자가 상해를 입는 사고가 발생하였습니다.

이런 경우에는 자동차사고일까요? 아닐까요?

Q. 자동차사고일까요? 아닐까요?

 자동차사고가 맞습니다!

이 경우에는 자동차가 과속으로 달려오는 것과 또 자전거를 운전하면서 그 달려오는 차량으로 인해 균형을 잃고 넘어졌다는 여러 가지 정황에 따라서 자동차사고로 인정된 사례입니다.

 대법원 판례

사건 개요

좁은 도로에서 근접해서 과속으로 달리는 자동차로 인해 자전거를 타고 가던 사람이 순간 놀라서 균형을 잃고 넘어진 사고

판례

자동차의 소유, 사용, 관리 중 발생한 사고이므로 **보상 가능**

사례

  불도저가 상차된 화물차를 운전하던 A씨가 좌회전하던 중 그만 논길에 화물차가 빠지고 마는데요. 화물차가 살짝 기울어진 상태에서 B씨는 상차되어 있던 불도저를 빼기 위해 화물차 위로 올라가서 불도저를 운전합니다. 그러나 한쪽으로 기울어져 있던 불도저가 전복되면서 운전자 B씨가 사망하게 됩니다. 그렇다면, 이때 운전자 B씨의 보상은 어떻게 될까요?

  앞서 작업 중 사고에 있어서 화물차에 불도저를 싣고 운전하던 중에 사고가 발생한 경우, 이 경우에는 화물차 입장에서 자동차사고가 아니라고 판결한 판례를 설명한 바 있습니다.

  이번 실제 사건은 2014년에 필자가 직접 상담하고 진행했던 사건이었습니다. 화물차 운전자는 불도저를 화물차에 상차 후 출발하여 가던 중 논길에서 좌회전을 하다가 빠지면서 기울게 되었고, 상차되어 있던 불도저를 빼기 위해서 불도저 운전자가 화물차 위에 올라가 작업하다가 불도저가 전복되면서 불도저 운전자가 사망한 사고입니다.

  불도저 운전자의 보상을 생각해 보겠습니다.

첫 번째는 작업 중 사고였기 때문에 불도저 운전자는 산재처리로 보상을 받았습니다.

두 번째는 만약 화물자동차 입장에서 자동차 사고라면 자동차 보험에서 별도의 위자료를 청구할 수 있고 보상을 받을 수 있는데, 자동차 사고가 아니라면 아무것도 청구할 수 없는 사건이었습니다.

사실 확인을 하고 법률자문을 거쳐 최종적으로 확인된 결과 화물차에도 과실이 있는 화물차 소유, 사용, 관리 중의 사고로 결정되어 화물차 자동차 보험에서 약 30%의 과실만큼 보상을 받은 사건입니다.(화물차의 무리한 좌회전으로 사고원인을 제공한 책임)

최종적으로 불도저 운전자는 산재처리와 함께 화물자동차 보험회사에서 위자료 등 손해배상금을 청구할 수 있었던 사건이었습니다.

Q. 운전자 B씨의 보상은?

• 작업 중 사고였기 때문에 산재처리로 보상을 받음

• 사실 확인을 하고 법률자문을 거쳐 최종적으로 확인한 결과 화물차에도 과실이 있는 사고로 결정되어 약 30%의 과실을 인정받음

❝ 불도저 운전자는 산재처리와 함께 화물 자동차의 자동차 사고로 인정받아 위자료를 청구 할 수 있었던 사건 ❞

**" 자동차사고로 탑승자 또는 통행인이
입고 있던 의류가 찢어짐 "**

 자동차사고로 탑승자 또는 통행인이 본인이 입고 있던 의류가 찢어지거나 피가 묻어서 손실을 보았습니다.
이때, 자동차보험 대물배상에서 보상될까요?

 정답은 보상되지 않습니다. 자동차보험 약관에는 통행인과 탑승인의 의류에 대해서는 면책 규정을 두고 있습니다. 더 나아가서 통상적으로 몸에 지니고 있는 물품인 현금, 유가증권, 만년필, 손목시계, 귀금속 등은 보상하지 않습니다(이상은 피해자가 가해자로부터 개인적으로 배상받아야 함).
 다만, 휴대전화기, 노트북, 캠코더, 핸드백, 서류가방, 골프채 등은 도난 또는 분실의 경우는 보상하지 않지만, 훼손된 경우에는 피해자 1인당 200만 원 한도로 실제 손해액을 보상하고 있습니다(200만 원 초과손해는 가해자로부터 개인적으로 배상받을 수 있음).

Q. 대물배상에서 보상이 가능할까요?

✕ No 보상 불가

- **자동차 보험 약관에는** 통행인과 탑승인의 의류에 대해서는 면책규정을 두고 있음
- **통상적으로 몸에 지니고 있는 물품인 현금, 유가증권, 만년필, 손목시계, 귀금속 등은** 보상하지 않음
- **휴대전화기, 노트북, 캠코더, 핸드백, 서류가방, 골프채 등은 훼손된 경우에는** 피해자 1인당 200만 원 한도로 실제 손해액을 보상하고 있음

PART 07

다른 자동차 운전 중 사고
보상이야기

" 회사 소유 자동차 혹은 친구의 자동차를
운전하던 중 사고 발생!! "

내 차의 '다른 자동차운전 담보 특별 약관'으로
보상 처리가 가능할까요?

회사 소유 자동차 혹은 친구의 자동차를 운전하던 중에 사고가 발생한 경우 그 차가 책임보험만 가입되어 있거나 운전자 한정특약 등으로 종합보험 처리가 안 될 때. 이런 경우에는 보험처리를 어떻게 할 수 있을까요?

이번 시간은 다른 자동차 운전 중 사고보상이야기입니다.

다른 자동차 운전 중 사고
보상이야기

피보험자가 다른 자동차를 운전했을 때 그 상대의 운전했던 차량의 책임보험밖에 보상이 안 됐을 때 초과하는 손해를 보상하는 것이 바로 다른 자동차 운전 담보 특별 약관의 보상내용입니다.

이 타차특약은 무보험자동차상해에 가입하면 자동으로 적용하는 특약입니다. 또한, 보험회사별로 특별 약관으로 가입한 경우도 있으며, 여기에서는 통상적으로 가입하는 타차특약을 기준으로 설명드리겠습니다.

피보험자 범위에는 1) 기명피보험자, 2) 기명피보험자의 배우자가 있습니다.

기명피 보험자

배우자

" 다른 자동차를 운전했을 때 그 상대의
운전했던 차량의 책임보험 밖에 보상이
안 됐을 때 초과하는 손해를 보상하는 것 "

A가 종합보험에 가입하면서 1인 운전자 한정특약을 가입한 경우도 있겠지요. 1인 운전자 한정특약으로 나 혼자만 운전하는 경우에는 보험계약자 본인만 타차특약의 피보험자에 해당하고, 배우자는 해당되지 않습니다. 결론적으로 배우자가 다른 자동차를 운전하더라도 A 차량 타차특약으로 보상을 받을 수는 없습니다.

또 한 가지, 사고 차량에서 먼저 책임보험을 보상하고 초과손해가 발생한 경우에만 내 차량 대인배상Ⅱ, 대물, 자손으로 처리한다는 것입니다.

마지막으로 타차특약은 반드시 자가용 승용차 운전만 가능하며, 영업용 또는 업무용 차량을 운전하는 경우에는 해당하지 않음을 꼭 기억해야 합니다.

기명피 보험자

1인 운전자 한정 특약으로 가입한
경우 배우자는 타차특약으로 보상 불가

〈 **타차특약 보상시 유의점** 〉

• 사고 차량에서 먼저 책임보험으로 보상 후, 초과하는 손해에 대해서만
  내 차의 대인배상Ⅱ, 대물, 자손으로 보상 가능
• 타차특약은 반드시 자가용 승용차만 운전 가능
• 타차특약에서는 영업용, 업무용 운전차량은 보상하지 않고 있음

Q. 다른 자동차로 인정되는 범위는? (개인용자동차 보험 기준)

- **승용차**
  (부모, 배우자, 자녀가 소유한 자동차를 제외)
- **16인승 이하의 승합차**
  (경승합 포함)
- **1톤 이하 화물차**
  (경화물 포함)

대인배상 Ⅱ

대물배상

자손

단!!
이륜자동차는 다른 자동차에 포함되지 않기 때문에 운전 중 사고 시 타차특약으로 보상 불가

O/X QUIZ 다른 자동차 운전담보특별약관(이하 '타차특약'이라 함)에 관한 설명을 읽고 답하시오.
(조건 : 형제 또는 배우자 차량 책임보험 가입)

① 내가 형제 차량을 운전하던 중 사고가 발생하면 내 차의 타차특약으로 보상된다.
( )

② 내가 배우자의 차량을 운전하던 중 사고가 발생하면 내 차의 타차특약으로 보상된다.
( )

정답 O / X

해설 내가 가입한 타차특약에는 형제차량을 운전하던 중 일어나는 사고는 보상 가능하지만
배우자의 차량 운전 중 사고는 보상되지 않는다.

친구차량 또는 회사차량을 운전하던 중 발생한 사고

운전자 A (종합보험 가입)　　친구차량 (운전자 한정특약 가입 or 책임보험 가입)

운전자 A
(종합보험 가입)

친구차량

종합보험 가입하였으나, 운전자한정
특약으로 책임보험만 처리될 경우
또는, 책임보험만 가입한 경우

Q. 내가 가입한 자동차 보험(종합보험)의 타차특약으로 보상이 가능할까요?

첫 번째 사례는 A의 차량이 고장이 발생하여 동네 친구차량(승용자동차)을 잠시 빌려 운전을 하던 중 발생한 사고입니다.

수리기간동안 친구의 차량을 잠시 빌려 운전하는 경우 친구차량을 내가 운전해도 종합보험 처리가 될 수 있는지? 만약 보상되지 않는다면 내가 가입한 타차특약에서 보상이 되는지? 궁금할 때가 있습니다.

만약! 친구차량은 종합보험에 가입되어 있었으나 운전자 한정특약(부부한정)에 가입되어 있어서 책임보험만 처리될 경우(또는 책임보험만 가입상태) A가 가입한 타차특약으로 보상이 가능할까요?

Q. A가 친구차량 운전 중, 친구차량이 책임보험만 처리될 경우 A가 가입한 타차특약으로 보상이 가능할까요?

 네, 보상이 가능합니다!

A가 가입한 종합보험 [개인용, 또는 A의 배우자가 가입한 종합보험(개인용)]에서 타차특약으로 보상이 가능합니다.

다시 정리해보면, 사고차량인 **친구차량에서 대인배상 I** 에 해당하는 부분을 보상하고, 초과되는 손해에 대해서 A 또는 A의 배우자가 가입한 종합보험 **타차특약으로 대인배상 II, 대물배상, 자손** 등으로 **보상이 가능**합니다.

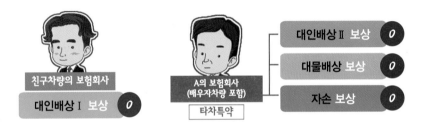

사례

- A보험회사에 개인용자동차보험 가입(타차 포함)
- B보험회사에 개인용자동차보험 가입(부부한정운전특약 포함)
- A가 다른 자동차(B차량) 운전하다가 피해자 사망(피해자 총 손해배상금 2억 원일 때), 차량손실 3천만 원 발생, A 운전자 치료비 발생
  1) B보험회사 대인배상 I 보상금 = 1.5억 원. 대인배상 II 는 면책(운전자한정특약 위반)
  2) A보험회사 대인배상 II 보상금 = 2억 원 – 1.5억 원
     = 5천만 원
  3) A보험회사 대물배상 보상금 = 3천만 원
  4) A보험회사 자손 보상금 = A 운전자 치료비 보상

친구차량 또는 회사차량을 운전하던 중 발생한 사고

운전자 A (종합보험 가입)   **회사차량 (운전자 한정특약 가입 or 책임보험 가입)**

운전자 A

회사차량

종합보험 가입하였으나, 운전자한정특약으로 책임보험만 처리될 경우 또는, 책임보험만 가입한 경우

Q. 내가 가입한 자동차 보험(종합보험)의 타차특약으로 보상이 가능할까요?

이번에는 A가 다니는 회사소유의 차량을 운전하던 중 사고가 발생하였을 때를 생각해 보겠습니다.

친구차량을 운전 중 종합보험처리가 되지 않더라도 내가 가입한 타차특약으로 보상이 된다면, 회사소유의 차량을 운전하는 경우에도 보상되지 않을까? 생각해 볼 수 있습니다.

만약! 회사소유의 차량에 종합보험은 가입되어 있었으나, 운전자 한정특약(연령한정)에 가입되어 있어서 책임보험만 처리될 경우(또는 책임보험만 가입상태) A가 가입한 타차특약으로 보상이 가능할까요?

Q. A가 회사차량 운전 중, 회사차량이 책임보험만 처리될 경우 A가 가입한 타차특약으로 보상이 가능할까요?

✕ No 보상되지 않습니다!

회사 차량을 운전하다가 발생한 사고는 이 특약 면책규정에 의해 보상되지 않습니다.

회사 차량에서 대인배상Ⅰ만 처리되고, A가 가입한 종합보험 **타차특약으로는 보상되지 않습니다.**

이 특약 면책 기준을 살펴보면 '직원이 회사 소유 자동차를 운전하던 중 발생한 사고에 대해서는 보상하지 않는다'고 규정하고 있습니다.

> **타차특약 면책규정**
>
> 직원이 회사 소유 자동차를 운전하던 중 발생한 사고에 대해서는 **보상하지 않음**

정리하자면!!

책임보험만 가입된 친구차량을 운전 중 교통사고가 발생하면 내 차 또는 내 배우자가 가입한 종합보험의 타차특약에서 보상 받을 수 있지만, 회사차량을 운전한 경우에는 타차특약에서 보상되지 않습니다.

따라서, 회사 차량은 꼭 종합보험 가입 여부를 확인하여야 하며 더 나아가 본인이 운전할 수 있는지 특약을 확인해야 합니다.

책임보험만 가입된 친구차량을 운전하던 중 교통사고가 발생한 경우

친구차량 내 차 또는 내 배우자 종합보험 타차특약에서 **보상 가능**

책임보험만 가입된 회사차량을 운전하던 중 교통사고가 발생한 경우

회사차량 내 차 또는 내 배우자 종합보험 타차특약에서 **보상 불가**
(회사 차량은 종합보험 가입여부를 꼭! 확인하여야 함)

Chapter 2-1

형제차량 또는 배우자차량을 운전하던 중 발생한 사고

운전자 A (종합보험 가입)　형제차량(운전자 한정특약 가입 or 책임보험 가입)

운전자 A

형제차량

종합보험 가입하였으나, 운전자한정
특약으로 책임보험만 처리될 경우
또는, 책임보험만 가입한 경우

Q. 내가 가입한 자동차 보험(종합보험)의 타차특약으로 보상이 가능할까요?

두 번째 사례는 A가 명절 때 고향에 내려가서 형제의 차량, 즉 동생이나 형의 차량을 잠시 운전하던 중 발생한 사고입니다.

명절을 보내다보면 형제간의 차량을 잠시 운전하는 경우가 종종 발생할 수 있습니다.

만약! 형제의 차량에 종합보험은 가입되어 있었으나, 운전자 한정특약(부부한정)에 가입되어 있어서 책임보험만 처리될 경우(또는 책임보험만 가입상태) A가 가입한 타차특약으로 보상이 가능할까요?

Q. A가 형제차량 운전 중, 형제차량이 책임보험만 처리될 경우 A가 가입한 타차특약으로 보상이 가능할까요?

 네, 보상이 가능합니다!

다만 이 경우에도 형제차량에서 대인배상Ⅰ을 먼저 보상하고, 그리고 초과된 손해에 대해서 A 또는 A의 배우자가 가입한 종합보험 타차특약에서 대인배상Ⅱ, 대물, 자손에서 보상 가능합니다.

형제차량 또는 배우자차량을 운전하던 중 발생한 사고

운전자 A (종합보험 가입) 배우자차량 (1인 한정특약 가입 or 책임보험 가입)

운전자 A

배우자 차량

종합보험 가입하였으나, 운전자한정
특약으로 책임보험만 처리될 경우
또는, 책임보험만 가입한 경우

Q. 내가 가입한 자동차 보험(종합보험)의 타차특약으로 보상이 가능할까요?

  이번에는 A가 명절 때 고향에 내려가기 위해서 A의 배우자의 차량을 이용하여 운전하던 중
발생한 사고에 대해 생각해 보겠습니다.

  부부가 각자 소유의 차량에 1인 운전자 한정 특약으로 종합보험에 가입한 상태에서 각자의 종
합보험 타차특약을 믿고 배우자의 차량을 운전하는 경우가 발생할 수 있겠지요.

  만약! A의 배우자차량에 종합보험은 가입되어 있었으나, 운전자 한정특약(1인한정)에 가입
되어 있어서 책임보험만 처리될 경우(또는 책임보험만 가입상태) A가 가입한 타차특약으로 보
상이 가능할까요?

Q. A가 배우자차량 운전 중, 배우자차량이 책임보험만 처리될 경우 A가 가입한 타차특약으로 보상이 가능할까요?

 No 보상되지 않습니다!

정답은 보상되지 않습니다. 매우 중요한 내용인데요, 타차특약 면책규정을 살펴보면 부모, 배우자, 자녀가 소유하거나 통상 사용하는 자동차, 이런 자동차는 다른 자동차로 보지 않는다고 규정되어 있습니다.

그래서 **배우자 차량에서 대인배상 l**만 처리되고, A가 가입한 종합보험 **타차특약으로는** 보상 **되지 않습니다.**

타차특약 면책규정

> 부모, 배우자, 자녀가 소유하거나 통상 사용하는 자동차는 다른 자동차로 보지 않음

정리하자면!!

책임보험만 가입된 형제차량을 운전 중 교통사고가 발생하면 내 차 또는 내 배우자가 가입한 종합보험 타차특약에서 보상 받을 수 있지만, 배우자 차량을 운전한 경우에는 타차특약에서 보상되지 않습니다.

결론적으로 부모, 배우자, 자녀의 자동차를 운전할 때는 반드시 나도 운전할 수 있는 조건에서만 운전해야하며, 내 차의 종합보험 타차특약만을 믿고 운전하면 큰 낭패를 볼 수 있습니다.

친구차량

책임보험만 가입된 형제차량을 운전하던 중 교통사고가 발생한 경우

내 차 또는 내 배우자 종합보험 타차특약에서 **보상 가능**

배우자차량

책임보험만 가입된 배우자 차량을 운전하던 중 교통사고가 발생한 경우

내 차 또는 내 배우자 종합보험 타차특약에서 보상 불가

Chapter 3-1

1톤 화물차량 또는 타인차량을 허락없이 운전하던 중 발생한 사고

운전자 A (종합보험 가입) 1톤 화물차량 (운전자 한정특약 가입 or 책임보험 가입)

운전자 A

1톤 화물차량

종합보험 가입하였으나, 운전자한정 특약으로 책임보험만 처리될 경우 또는, 책임보험만 가입한 경우

Q. 내가 가입한 자동차 보험(종합보험)의 타차특약으로 보상이 가능할까요?

세 번째 사례는 A가 집안의 소파를 옮기기 위해 옆집의 1톤 화물차량을 잠시 빌려 운전하던 중 발생한 사고입니다.

집안의 소파를 근처 사무실로 옮겨야 하는 경우, 화물차를 빌리자니 잠시 사용하기 위해 비용을 지불하기가 아까워 옆집의 1톤 화물차량을 잠시 빌리는 경우가 있겠지요.

만약! 1톤 화물차량에 종합보험은 가입되어 있었으나, 운전자 한정특약(부부한정)에 가입되어 있어서 책임보험만 처리될 경우(또는 책임보험만 가입상태) A가 가입한 타차특약으로 보상이 가능할까요?

Q. A가 1톤 화물차량 운전 중, 1톤 화물차량이 책임보험만 처리될 경우 A가 가입한 타차특약으로 보상이 가능할까요?

 Yes 네, 보상이 가능합니다!

이 경우에도 운전했던 1톤 화물차량의 책임보험 대인배상 I 에 대해서는 보상을 하고 초과하는 손해에 대해서는 A 또는 A 배우자가 가입한 종합보험 타차특약에서 대인배상 II, 대물, 자손에서 보상 가능합니다.

1톤 화물차량 또는 타인차량을 허락없이 운전하던 중 발생한 사고

운전자 A (종합보험 가입)   타인차량 (운전자 한정특약 가입 or 책임보험 가입)

운전자 A

타인차량
(허락없이 운전)

종합보험 가입하였으나, 운전자한정
특약으로 책임보험만 처리될 경우
또는, 책임보험만 가입한 경우

Q.내가 가입한 자동차 보험의 타차특약으로 보상이 가능할까요?

이번에는 A가 타인의 차량을 허락 없이 몰래 운전하다가 사고가 발생했다면 보상은 어떻게 될까요?

보상을 설명하다보니, 가정하여 설명 드리긴 했지만 타인의 차량을 허락 없이 몰래 운전하는 경우는 결코 있어서는 안 되겠죠.

만약! 타인차량에 종합보험은 가입되어 있었으나, 운전자 한정특약(부부한정)에 가입되어 있어서 책임보험만 처리될 경우(또는 책임보험만 가입상태) A가 가입한 타차특약으로 보상이 가능할까요?

Q. A가 타인차량을 허락 없이 운전 중, 타인차량이 책임보험만 처리될 경우 A가 가입한 타차특약으로 보상이 가능할까요?

✕ No 보상되지 않습니다!

이 경우에는 타인의 허락을 받지 않고 운전하였기 때문에 보상이 되지 않습니다.

그래서 *배우자 차량에서 대인배상 I* 만 처리되고, A가 가입한 종합보험 **타차특약으로는** 보상 **되지 않습니다.**

이 특약 면책 기준을 살펴보면 피보험자가 타인차량을 허락없이 운전하는 경우 타차특약에서 보상되지 않는다고 규정되어 있습니다.

> **❙ 타차특약 면책규정**
>
> 타인차량을 허락 없이 운전한 경우에는 타차특약에서 보상되지 않음

> 타인차량을 허락없이 운전하는 일은 없어야 함

정리하자면!!

책임보험만 가입된 1톤화물차량을 운전 중 교통사고가 발생하면 내 차 또는 내 배우자가 가입한 종합보험 타차특약에서 보상 받을 수 있지만, 남의 자동차를 허락없이 운전한 경우에는 타차특약에서 보상되지 않습니다.

1톤 화물 차량

책임보험만 가입된 1톤 화물 차량을 운전하던 중 교통사고가 발생한 경우

내 차 또는 내 배우자 종합보험 타차특약에서 **보상 가능**

타인의 차량

책임보험만 가입된 타인의 차량을 허락없이 운전하던 중 교통사고가 발생한 경우

내 차 또는 내 배우자 종합보험 타차특약에서 **보상 불가**

친구차량을 대리운전 또는 고객차량을 대리운전하던 중 발생한 사고

운전자 A (종합보험 가입) **친구차량 (운전자 한정특약 가입 or 책임보험 가입)**

운전자 A

친구차량
(친구대신 운전)

종합보험 가입하였으나, 운전자한정
특약으로 책임보험만 처리될 경우
또는, 책임보험만 가입한 경우

Q.내가 가입한 자동차 보험의 타차특약으로 보상이 가능할까요?

네 번째 사례는 A가 친구와 술자리를 같이 하다가 2차로 옮기는 과정에서 친구대신 운전하던 중 발생한 사고입니다.

친구와 술자리를 같이 하다 술을 먹은 친구의 부탁으로 본인은 술을 먹지 않아 친구차량을 대신 운전하는 경우가 발생할 수 있겠지요.

만약! 친구차량에 종합보험은 가입되어 있었으나, 운전자 한정특약(부부한정)에 가입되어 있어서 책임보험만 처리될 경우(또는 책임보험만 가입상태) A가 가입한 타차특약으로 보상이 가능할까요?

Q. A가 술을 먹은 친구를 위해 친구차량을 운전 중, 친구차량이 책임보험만 처리될 경우 A가 가입한 타차특약으로 보상이 가능할까요?

 Yes 네, 보상이 가능합니다!

이 경우에도 사고 차량인 친구차량에서 먼저 책임보험 I 을 보상하고, 초과하는 손해에 대해서는 A 또는 A 배우자가 가입한 종합보험 타차특약에서 대인배상 II, 대물, 자손에서 보상 가능합니다.

친구차량을 대리운전 또는 고객차량을 대리운전하던 중 발생한 사고

운전자 A (종합보험 가입) | **고객차량 (운전자 한정특약 가입 or 책임보험 가입)**

운전자 A

고객차량 (대리운전)

종합보험 가입하였으나, 운전자한정 특약으로 책임보험만 처리될 경우 또는, 책임보험만 가입한 경우

Q. 내가 가입한 자동차 보험의 타차특약으로 보상이 가능할까요?

이번에는 A가 밤에 대리운전업을 할 경우를 생각해 보겠습니다.

대리운전자의 경우 대게는 별도의 대리운전보험이 가입되어 있습니다. 하지만, 대리운전보험이 없는 경우 고객의 차량을 대리 운전하다가 사고가 발생해도 내가 가입한 타차특약으로 보상되지 않을까 하고 생각할 수도 있겠지요.

만약! 고객차량에 종합보험은 가입되어 있었으나, 운전자 한정특약(부부한정)에 가입되어 있어서 책임보험만 처리될 경우(또는 책임보험만 가입상태) A가 가입한 타차특약으로 보상이 가능할까요?

Q. A가 대리운전자로서 고객차량을 운전 중, 고객차량이 책임보험만 처리될 경우 A가 가입한 타차특약으로 보상이 가능할까요?

✕ No 보상되지 않습니다!

타차특약의 면책규정에 보면 피보험자가 자동차 취급업자로서 또는 대리운전 자로서 운전하는 경우 타차특약에서 보상되지 않는다고 규정되어 있습니다.

그래서 **배우자 차량에서 대인배상Ⅰ** 만 처리되고, A가 가입한 종합보험 **타차특약으로는 보상 되지 않습니다.**

이 특약 면책 기준을 살펴보면 피보험자가 자동차 취급업자로서 또는 대리운전자로서 운전하 는 경우에는 타차특약에서 보상되지 않는다고 규정되어 있습니다.

▌타차특약 면책규정

피보험자가 자동차 취급업자로서 또는 대리운전자로서 운전하는 경우 런 경우에는 타차특약에서 보상되지 않음

술을 먹은 친구의 부탁으로 친구차량을 운전 중 교통사고가 발생하면 내 차 또는 내 배우자가 가입한 종합보험 타차특약에서 보상 받을 수 있지만, 대리운전자가 고객차량을 운전한 경우에는 타차특약에서 보상되지 않습니다.

결론적으로 말하자면 대리운전자는 대리운전자 보험을 꼭 가입하셔야 합니다.

술을 먹은 친구의 부탁으로 친구차량을 운전하던 중 교통사고가 발생한 경우

친구차량

내 차 또는 내 배우자 종합보험 타차특약에서 **보상 가능**

대리운전자가 **고객차량**을 운전하던 중 교통사고가 발생한 경우

고객차량

• 내 차 또는 내 배우자 종합보험 타차특약에서 보상 불가
• 반드시 대리운전자 보험에 가입해야 함
• 대리운전자가 가입한 자동차 종합보험 타차특약에서는 보상되지 않음을 명심해야 함

사례

민족 대명절인 설을 맞아 오랜만에 고향에 내려간 A씨는 고향에서 아버지의 차량을 잠시 운전하다가 그만 사고가 나고 말았습니다. 아버지의 차량은 부부 한정 특약에 가입되어 있지만, A씨는 종합보험에 가입한 상태였습니다. 그렇다면, 이때 A씨는 자신의 차량의 타차 특약으로 보상을 받을 수 있을까요?

이 경우 아들은 본인이 가입한 타차특약에서 보상되지 않습니다.

아버지의 차량을 운전하다가 발생한 사고!

- 아버지 차량에서 대인배상Ⅰ으로 보상 청구
- 초과하는 손해에 대해서는 본인차량 타차특약으로 보험접수

> **❝ 아버지의 차량은 다른 자동차에 해당되지 않아 본인이
> 가입한 차량의 타차특약에서 보상 불가 ❞**

아들은 아버지의 차량이 부부한정 특약에 가입된 사실을 알고 있었지만 아버지차량이 종합보험이 안되더라도 본인이 가입한 종합보험 타차특약이 있으니 당연히 보상되지 않을까 생각을 하고 운전했던 것입니다.

그런데 **아버지의 차량은 '다른 자동차'에 해당하지 않아** 본인이 가입한 종합보험 타차특약에서 보상되지 않는다는 보험회사 직원의 이야기를 듣고 필자에게 상담을 요청한 사례였습니다.

필자와 상담을 통해 부모, 배우자, 자녀가 소유하거나 통상 사용하는 자동차는 다른 자동차에 포함되지 않는다는 것과 그 결과로 아들이 가입한 종합보험 타차특약으로 보상 받지 못한다는 것을 설명하였습니다.

▌타차특약 면책규정

부모, 배우자, 자녀가 소유하거나 통상 사용하는 자동차는 다른 자동차로 보지 않음

→ 타차특약으로 보상 받을 수 없음

아들은 결국 비싼 보험료를 납부하고도 타차특약을 잘못 이해해 아버지의 책임보험을 초과하는 손해에 대해 직접 보상해 준 실제 사례입니다.

독차여러분들도 가족(부모, 배우자, 자녀)들의 차량은 타차특약에 적용되지 않는다는 것을 분명히 알고 주의해야 할 것 같습니다.

- 책임보험을 초과하는 손해에 대해서는 본인이 직접 보상
- 비싼 보험료를 납부하고도 타차특약을 잘못 이해해 큰 낭패를 본 사례

전문가 KEY NOTE

" 운전자 보험이란? "

 교통사고로 발생할 수 있는 벌금, 교통사고처리지원금, 변호사 선임비용 등을 가입한도 내에서 실손 보장받는 상품입니다.

자동차보험과 차이점은?
 (1) 자동차보험 보장내용
  – 타인의 피해보상에 집중
   대인/대물보상, 자기차량손해보상, 신체손해 등
 (2) 운전자보험 보장내용
  – 자신의 피해보상에 집중
   벌금, 형사합의금, 변호사선임비용, 기타손해비용 등

운전자 보험은 자동차 보험에서 보상하지 않은 부분 즉, 형사적 책임과 행정적 책임에 따른 운전자의 부담을 보상하는 상품입니다.

교통사고 중 운전자의 12대 중과실 사고나 피해자의 중상해 사고 및 사망사고의 경우 운전자는 피해자와 합의여부 및 종합보험 가입여부와 상관없이 기소되어 형사처벌을 받게 됩니다.

이때 운전자의 변호사 선임비용, 형사합의 비용, 별금비용, 운전자의 치료비, 장해보험금, 사망보험금 지급, 보험료할증 및 영업손실 비용 등을 보상하는 것이 바로 운전자 보험입니다. (음주, 무면허, 도주사고 제외)

변호사 선임비용 지급
실제 지급한 형사합의금 지급
2,000만 원 이하 별금 지급
운전자의 치료비, 장해보험금, 사망보험금 지급
보험료 할증 및 영업손실 비용 지급 (음주, 무면허, 도주사고 제외) (보험상품별 특약마다 보장범위는 다를 수 있음)

PART 08

일상생활 중 배상책임 사고 보상이야기

> " 내 자녀가 주차장의 차량을 못으로 긁거나,
> 아내가 자전거를 운전하다가 보행인을 충격하는 "
> 등의 사고 발생!

  나의 아들 혹은 딸이 아파트에 주차된 차량을 호기심에 못으로 긁어서 손해가 발생했을 때, 혹은 아내가 자전거를 운전하다가 지나가는 행인을 충격하여 그 행인이 부상을 입었을 때에는 피해자에 대한 책임을 보상해야 됩니다. 이때 가족들은 많이 당황스럽겠죠?

  이번 시간은 이러한 사고를 보상하는 일상생활 중 배상책임에 관해서 이야기해볼까 합니다.

일생생활 중 배상책임 사고 보상이야기

  일상생활 배상책임보험(이하 일배책이라 함)은 통상적으로 손해보험에 실손의료비 보험 등을 가입하면 대게는 특약으로 가입되어 있으며, 여기에서는 통상적으로 가입하는 일배책 보험을 기준으로 설명드리겠습니다.

■ 일생생활 중 배상책임 보험		■ 자기부담금	
보상 한도	1억 원 (대인, 대물, 보상)	대인배상	없음
보상 범위	피보험자 본인 / 배우자	대물배상	20만 원

아마도 독자분들 중에 "아 나는 일상생활 배상책임 보험이 없는데?" 하시는 분들이 계시겠지만, 본인이 가입한 손해보험 증권을 자세히 살펴보면 일상생활 배상책임 담보가 대부분 가입된 것을 확인할 수 있습니다.

O/X QUIZ 일상생활 배상책임의 담보에 대한 설명을 읽고 답하시오.

① 아들이 키우는 강아지가 집에 놀러 온 친구의 얼굴을 물었을 때 발생한 손해는 일배책에서 보상된다. ( )

② 아파트에서 에어컨을 사용하던 중 아래층에 물이 새어 천장이 젖어서 발생한 손해는 일배책에서 보상된다. ( )

정답 O / O

해설 모두 일배책에서 보상이 가능합니다.

일상생활 중 배상책임은 자전거 사고 등의 일상생활 중 발생할 수 있는 사고에 대해서 보상하는 보험으로 굉장히 우리 생활에 밀접하고 유익한 보험입니다.

1 차시 : 대인배상 Ⅰ·Ⅱ, 대물, 자손 자차 보상이야기
2 차시 : 정부보장사업, 무보험자동차상해 보상이야기
3 차시 : 음주운전, 무면허운전 사고 보상이야기
4 차시 : 정부보장사업, 무보험자동차상해에서 보상하는 자동차 범위
5 차시 : 이런 사고도 자기신체사고에서 보상이 될까요?
6 차시 : 이런사고도 자동차사고 일까요?
7 차시 : 다른 자동차 운전 중 사고 보상이야기
8 차시 : 일상생활 중 배상책임 사고 보상이야기

학교에서 발생한 배상책임 사고

사례 1 **친구가 찬 축구공에 아들의 치아가 파절된 사고**

아들이 체육 시간에 친구가 찬 축구공에 치아가 파절되었다면 아들의 치료비, 치아 보철비 그리고 위자료 등의 손해배상금은 누구한테 받을 수 있을까요?

먼저 보상을 떠나, 자녀가 다친다는 것은 생각만 해도 가슴이 아프고 서글픈 일입니다. 우선 학교에서 발생한 배상책임 사고에 대해서는 학교안전 공제회에서 기본적인 치료비는 보상 받을 수 있습니다. 다만 그 치료비의 보상 범위가 매우 적고, 위자료 등은 보상에서 제외되어 있어서 모든 손해배상금을 다 받을 수 없습니다.

Q. 치료비, 치아 보철비, 위자료 등의 손해배상금은 누구한테 받을 수 있을까요?

- 학교에서 발생한 배상책임 사고이므로 학교 안전공제회에서 기본적인 치료비 보상 가능
- 치료비 보상의 범위가 매우 적고 위자료 등은 보상에서 제외됨

Q. 그렇다면, 가해 학생 부모가 가입한 일배책에서 아들의 손해배상금을 보상 받을 수 있을까요?

✓ Yes 보상이 가능합니다!

이때 축구공을 찼던 가해 학생의 부모가 가입한 일배책에서 보상이 가능합니다.

Q. 피해자의 부모가 추가로 받을 수 있는 방법은 무엇일까요?

- 가해학생 부모가 가입한 실손의료비 보험의 일배책을 통해서 보상 가능
- 가해학생의 부모 중 한 명만 가입해도 보상 가능
- 가해학생 본인이 일배책을 가입한 경우도 보상 가능

이야기

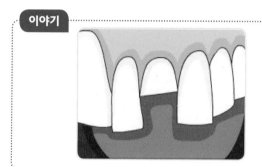

▶ C교수님의 아들(초6)이 학교에서 친구가
찬 축구공으로 인해 치아 파절 사고 발생

○○대학교 C 교수님의 실제사례입니다. 아들이 학교에서 친구가 찬 축구공으로 인해 치아가 파절되는 사건이 있었습니다.

처음 C 교수님은 학교안전공제회가 있어서 안심하고 있었는데, 실제 들어간 병원비의 50%도 나오지 않는 결과를 보고 매우 불만스러웠고 그로 인해서 학교에 찾아가 가해부모와 학교 교장 선생님에게 항의하였습니다. 하지만 학교에서는 더이상 책임이 없다고 주장하였으며, 가해부모는 형편이 어려우니 나중에 치료비를 보상해 주겠다고 막연한 약속만 한 상황이었습니다.

✔ 학교안전공제회의 보상은 실제 병원비의 50%를 미달한 금액이었음(치아보철비)
✔ 학교에 항의를 했지만 학교에서는 더이상 책임이 없다는 입장만 표명함
✔ 가해부모는 형편이 어려워 추후에 치료비만 보상 가능. 기타 위로금 지급 불가 입장

　이런 상황에 필자가 C 교수님과 상담을 하면서 만약 가해학생 부모가 일배책 보험에 가입되어 있다면, 그 일배책 보험에서 보상처리가 가능하다고 말씀드렸습니다.

　처음에는 가해학생 부모도 그런 보험이 없다고 얘기하였으나 추후 손해보험에 가입된 실손보험 등을 꼼꼼히 확인해본 결과 일배책 보험 가입사실을 확인하게 되었습니다.

　이후 일배책에 접수하여 위자료, 향후치료비 등 손해배상금 일체를 모두 보상받을 수 있게 되었습니다.

결과 **가해학생 부모가 가입한 일배책에서 보상 가능**

✓ 가해학생 부모의 실손의료비보험의 일배책 가입유무 확인을 요청함

✓ 다행히도 보험에 가입되어 있어서 위자료, 향후치료비, 부족한 치료비 등 손해배상금 일체를 모두 보상받음

사 례

- A(초5)가 학교에서 실수로 친구 B와 장난치다가 배상책임 사고 발생
- B의 손해액 : 치료비 1,200만 원, 향후치료비 500만 원, 후유장애 없음, 피해자 과실 30%,
　　　　　　위자료 300만 원 가정
- A의 부모가 일배책 가입(1억 원 한도, 자기부담금 대인 0원, 대물 20만 원)

- B의 보상은?
　① 치료비 1,200만 원 + 500만 원 = 1,700만 원
　② 위자료 300만 원
　③ 휴업손해액 없음 (학생이기 때문)
　④ 합계 : 2,000만 원 X (1 - 0.3) = 1,400만 원 보상 (A의 부모 자기부담금 없음)

이야기

▶ 중학생 아들이 친구와 싸움을 하던 중 광대뼈가 다친 사고

중학생 아들이 친구와 싸움을 하던 중 광대뼈가 다쳤을 경우, 싸웠던 친구 또는 친구의 부모가 가입한 일배책에서 아들의 보상이 가능할까요?

Q. 친구 부모가 가입한 일배책에서 보상이 가능할까요?

× No   보상되지 않습니다!

이 경우에는 보상되지 않습니다.

일배책 보험의 면책기준을 살펴보면 폭력 행위로 인한 배상책임, 폭력행위에 기인하는 배상책임에 대해서는 보상하지 않는 손해로 규정되어 있습니다.

폭력행위로 발생한 아들의 치료비나 위자료 등은 **가해학생 부모가 일배책에 가입되어 있다 하더라도 보상받을 수 없습니다.**

┃ 일배책 면책 규정

폭력 행위로 인한 배상책임, 폭력행위 기인하는 배상책임에 대해서는 보상하지 않음

정리하자면!!

사례 1 친구가 찬 축구공에 아들의 치아가 파절된 사고

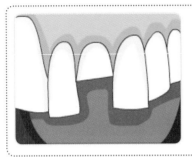

▶ C교수님의 아들(초6)이 학교에서 친구가
   찬 축구공으로 인해 치아 파절 사고 발생

 Yes 보상이 가능합니다!

사례 2 아들이 친구와 싸움을 하던 중 광대뼈가 다치는 사고

▶ 중학생 아들이 친구와 싸움을 하던 중
   광대뼈가 다친 사고

 No 보상되지 않습니다!

일배책 보험의 보상기준

일배책 보상한도는 1억 원이며 피보험자는 피보험자 본인과 배우자입니다.

가령 본인이 일배책에 가입했다면 본인과 배우자가 피보험자가 되며, 이는 피보험자가 일상 생활 중 배상책임 사고가 발생하여 타인의 인적, 물적 손해를 배상해야 할 상황이 발생할 경우 **이를 대신해서 보상하는 보험**입니다.

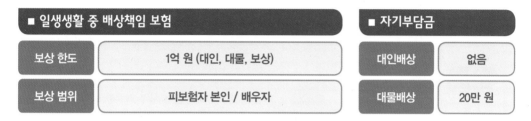

■ 일생생활 중 배상책임 보험		■ 자기부담금	
보상 한도	1억 원 (대인, 대물, 보상)	대인배상	없음
보상 범위	피보험자 본인 / 배우자	대물배상	20만 원

더 나아가, 피보험자의 자녀가 배상책임 사고를 발생시킬 경우 민법상 부모가 그 책임을 배상해야 하는데, 이때 부모가 가입한 일배책에서 모두 처리가 가능합니다.

다만, 통상 만13세 이하 자녀까지만 부모 책임이 인정되어 부모가 가입한 일배책에서 보상이 이루어지며 **만13세를 초과하는 자녀가 일으킨 사고에 대해서는 부모의 책임이 발생하지 않아 보험처리가 되지 않을 수 있습니다.** (이유 : 아들은 피보험자가 아니기 때문 다만, 아들이 직접 일배책을 가입한 경우에는 나이와 상관없이 보상 가능)

일배책은 별도로 가입하는 보험이 아니며, 실손의료비 보험 등 손해보험사에 보험상품 가입 시 특약으로 가입하는 담보입니다.

Q. 자녀가 배상책임사고를 발생시킨 경우 그 피해자의 보상은 어떻게 될까요?

통상 만 13세 이하 자녀의 경우 부모가 그 민법상 책임을 지기 때문에 부모가 가입한 일배책으로 1억 원 한도로 보상처리를 해줄 수 있음

아파트(주택)의 소유 · 사용 · 관리 중에 발생한 배상책임 사고

두 번째 사례는 아파트(주택)를 소유, 사용, 관리 중에 발생한 배상책임 사고입니다. 이 경우에도 일배책 보험에서 보상되는지 한번 살펴보겠습니다.

사례 1 아파트에서 물이 새어 아래층 집 천장의 도배지와 몰딩이 젖어서 발생한 사고

이야기

▶ 아파트에서 물이 새어 아래층 집의 천장 도배지가 물에 젖고, 몰딩이 젖어서 이것을 교체해야 되는 손해 발생

아파트를 소유, 사용, 관리 중 아파트에서 물이 새어 아래층 집 천장의 도배지가 물에 젖고, 몰딩이 젖어서 이것을 교체해야 하는 손해가 발생했을 경우를 생각해 보겠습니다.

이런 경우 위층에서 아래층 손해에 대해 보상을 해야 할 것입니다.

그렇다면, 이 경우에도 위층에서 가입한 일배책에서 보상이 가능할까요?

Q. 위층에서 가입한 일배책에서 보상이 가능할까요?

 Yes **보상이 가능합니다!**

네, 보상이 가능합니다.

필자가 거주하는 아파트에서 실제 발생한 사례입니다.

어느 날 아래층 집 천장에서 물이 새어 천장 도배지와 몰딩이 젖었다며 보상해달라고 전화가 왔습니다. 아래층에 내려가보니 천장에 물이 젖어있는 것을 확인할 수 있었고, 보상을 위해 필자가 가입한 일배책에 보험접수를 하였습니다.

접수 후 조사 결과 집의 에어컨 사용 중에 문제가 발생하여 아래층에 물이 새었던 것으로 확인되었으며, 결국 필자가 가입한 일배책에서 아래층의 천장 도배와 몰딩 수리비용으로 총 300만 원을 보상 하였습니다.

✔ 본인이 살고 있는 아파트의 소유 · 사용 · 관리 중 배상책임 사고
✔ 일배책으로 보상 가능
✔ 아래층의 수리비, 복구비에 대해서 약 300만 원 정도 보상 한 실제 사례

사례 2   아파트(주택) 소유자가 아파트에 거주하지 않은 상태에서 아래층에 누수피해가 발생한 사고

이야기

▶ 아파트(주택) 소유자가 아파트에 거주하지 않은 상태에서 아래층에 누수 피해가 발생

이번에는 아파트(주택) 소유자가 일배책에 가입하였으나 **아파트에 거주하지 않은 상태**에서 아래층에 누수 피해가 발생한 사고를 생각해 보겠습니다.

이런 경우 아파트(주택) 소유자가 가입한 일배책(배우자가 가입한 일배책 포함)으로 아래층 누수 피해의 보상이 가능할까요?

Q. 아파트(주택) 소유자(아파트에 거주하지 않음)가 가입한 일배책으로 보상이 가능할까요?

 Yes 보상이 가능합니다!

네, 보상 가능합니다.

---

1) 아파트 소유자 주장
- 아파트 소유자는 본인이 아파트에 거주하고 있지 않았더라도 임대인이 배상책임을 부담하는 상황이므로 보험사가 보험금을 지급해야 한다고 주장하였다.

2) 보험사 주장
- 보험사는 소유자가 아파트를 타인에게 임대하여 직접 거주하고 있지 않으므로 보험금을 지급할 책임이 없다고 주장하였다.

3) 금융감독원의 판단
- 주택 소유자가 아파트에 직접 거주하고 있지 않더라도 아래층 누수피해에 대해 임대인이 배상 책임을 져야하므로 보험사는 보험금을 지급할 책임이 있다고 판단하였다.

사 례

- A 본인 소유 아파트 405호에서 수도 동파사고가 발생하여 아래층 305호 누수사고 발생
- 아래층 손해액 : 도배/몰딩 수리비 350만 원, 페인트 시공비용 50만 원, 위자료 100만 원 청구, 피해자 과실 없음
- A의 손해액 : 수도 동파 수리비 100만 원
- A의 보험가입상황 : 일배책 가입 (1억 원 한도, 자기부담금 대인 0원, 대물 20만 원)

- 아래층의 보험사 보상은?
  ① 도배/몰딩/ 수리비 : 350만 원
  ② 페인트 시공비용 : 50만 원
  ③ 위자료는 대물피해에서는 인정되지 않음
  ④ 합계 : 350만 원 + 50만 원 - 20만 원(A의 자기부담금) = 380만 원

- A의 보상 및 자기 부담금은?
  ① A의 손실은 본인이 가입한 일배책에서 보상되지 않음 (일배책은 타인의 손실만 보상함)
  ② A의 대물 자기부담금 20만 원 발생 (이래층 피해자에게 직접 보상)

정리하자면!!

사례 1 아래층에 물이 새어서 집 천장의 도배지와 몰딩이 젖어서 발생한 사고

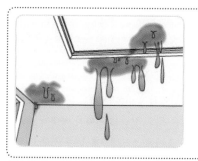

▶ 아파트에서 물이 새어 아래층 집의 천장 도
배지가 물에 젖고, 몰딩이 젖어서 이것을
교체해야 되는 손해 발생

 보상이 가능합니다!

사례 2 아파트(주택) 소유자가 아파트에 거주하지 않은 상태에서 아래층에 누수피해가 발생한 사고

▶ 아파트(주택) 소유자가 아파트에 거주하지
않은 상태에서 아래층에 누수 피해가 발생

 보상이 가능합니다!

Chapter 3

일상생활 중 친족 간에 발생한 배상책임 사고

사례 1 조카가 날카로운 장난감이나 칼로 새로 구매한 소파에 스크래치를 발생한 사고

이야기

▶ 지방에서 놀러온 조카가 날카로운 장난감, 혹은 칼로 장난을 치다가 아내가 새로 구입한 소파에 스크레치를 냈을 경우

지방에서 놀러 온 조카가 날카로운 장난감이나 칼로 장난을 치다가 아내가 새로 구매한 소파에 스크래치를 냈을 경우 보상을 생각해보겠습니다.

새로 구매한 소파이기 때문에 마음은 상하지만 조카의 실수니까 그냥 웃고 넘어가야 할까요?

아니면, 너무 고가이고 수리비가 많이 발생하기 때문에 조카의 부모에게 보상을 요구해야 할까요?

만약! 조카의 부모가 가입한 일배책 보험이 있다면 이런 경우 보상이 가능할까요?

Q. 조카의 부모가 가입한 일배책에서 보상이 가능할까요?

 Yes 보상이 가능합니다!

조카의 부모가 가입한 일배책 보험이 있다면, 그 일배책 보험에서 모두 보상 가능합니다.

따라서 친척들간에 이러한 사고가 발생 한다면 꼭 가해자의 일배책 보험을 확인하여 합당한 보상을 받으시기 바랍니다.

" 조카의 부모가 가입한 일배책 보험에서 보상 가능 "

사례 2 아들이 같이 사는 할아버지의 안경을 파손한 사고

이야기

▶ 아들이 같이 사는 할아버지와 장난을 치고 놀던 중 아들의 실수로 할아버지의 얼굴을 가격하여 안경이 파손되고 할아버지 눈가 에 상처가 발생한 경우

아들이 같이 살고 있는 할아버지와 장난을 치고 놀던 중 아들의 실수로 할아버지의 얼굴을 가격하여 안경이 파손되고 할아버지 눈가에 상처가 발생한 경우 보상이 가능할까요?

× No **보상되지 않습니다!**

네, 이 경우에는 보상되지 않습니다.

일배책 보험의 면책규정을 살펴보면, 피보험자와 같이 세대를 같이 하는 친족에 대한 배상책임은 보상하지 않는다고 규정되어 있습니다.

> **일배책 면책 규정**
>
> 세대를 같이 하는 친족이라 함은 통상적으로 같이 살면서 가족관계증명서에 같이 등재된 가족을 말함

만약! 명절에 할아버지 집에 놀러 갔다가 이런 사고가 발생했거나 또는 할머니의 보청기를 자녀가 실수로 밟아서 파손했을 경우에는 아들의 부모가 가입한 일배책에서 **인적, 물적 손해에 대해서 보상이 가능할까요?**

Q. 만약, 같이 사는 할아버지가 아닌, 명절에 할아버지 집에 놀러가서 발생한 사고라면 보상이 가능할까요?

 Yes 보상이 가능합니다!

결론적으로 가족관계 증명서상의 같이 등재된 가족을 제외하고는 친족간의 사고라 하더라도 신체 손해, 재물 손해 모두 1억 원 한도로 보상이 가능합니다.

사 례

- A의 자녀(초2)가 할머니의 보청기 파손 배상책임 발생
- 할머니 손해액 : 보청기 수리비 100만 원 발생, 피해자 과실 없음, 감가상각 해당 없음 가정
- A의 부모가 일배책 가입(1억 원 한도, 자기부담금 대인 0원, 대물 20만 원)

- 할머니의 보험사 보상은?
보청기 수리비 100만 원 – 20만 원 (A의 자기부담금) = 80만 원 보상

정리하자면!!

사례 1 조카가 날카로운 장난감이나 칼로 새로 구매한 소파에 스크래치를 발생한 사고

▶ 지방에서 놀러온 조카가 날카로운 장난감, 혹은 칼로 장난을 치다가 아내가 새로 구입한 소파에 스크래치를 냈을 경우

 보상이 가능합니다!

사례 2 아들이 같이 사는 할아버지의 안경을 파손한 사고

▶ 아들이 같이 사는 할아버지와 장난을 치고 놀던 중 아들의 실수로 할아버지의 얼굴을 가격하여 안경이 파손되고 할아버지 눈가에 상처가 발생한 경우

✕ No 보상되지 않습니다!

Q. 만약, 같이 사는 할아버지가 아닌,
명절에 할아버지 집에 놀러가서 발생한 사고라면 보상이 가능할까요?

 보상이 가능합니다!

어린 아이들의 실수로 파손 시
보상되는 제품의 예

(피보험자 자기부담금 20만 원 발생)

핸드폰

카메라

차량

노트북

자전거 또는 오토바이 운전 중 발생한 배상책임 사고

네 번째 사례로 자전거 혹은 오토바이 운전 중 사건 사고가 발생했을 때 본인이 가입한 일배 책에서 보상이 가능한지에 대해서 살펴보겠습니다.

사례 1 아내가 자전거를 운전하다가 보행인과 충격한 사고

이야기

▶ 아내가 자전거를 운전하다가 지나가는 보 행인을 충격하면서 보행인이 넘어져 다쳐 치료비가 발생하거나, 골절, 수술 혹은 사 망에 이르게 되는 경우

아내가 자전거를 운전하다가 지나가는 보행인을 충격하면서 보행인이 넘어져 다쳐서 치료비 가 발생하거나 골절 수술 혹은 사망에 이르게 되는 경우 아내 또는 남편이 가입한 일배책에서 보상이 가능할까요?

Q. 아내 또는 남편이 가입한 일배책에서 보상이 가능할까요?

 Yes 보상이 가능합니다!

네, 보상 가능합니다.

자전거에는 통상적으로 보험이 가입되어 있지 않기 때문에 보행인의 치료비와 위자료, 수술 비 등을 보상해야 하는데, 참 난감하겠지요? 이런 경우 어려운 형편에 보상하려면 큰 부담이 될 것입니다.

그런데 이때 부부가 가입한 일배책 보험이 있다면 타인의 신체 손해 뿐만 아니라 타인의 자전거 파손 손해까지 모두 보상이 가능합니다.

Q. 부부가 가입한 일배책에서 보상이 가능할까요?

- 부부가 가입한 일배책 보험에서 보상 가능
- 타인의 신체 손해 뿐만 아니라 타인의 자전거 파손 손해까지 **모두 보상 가능**

사 례

- A가 자전거 운전 중 실수로 상대 운전자와 충돌하는 사고 발생
- 상대운전자 손해액 : 자전거 수리비 150만 원, 치료비 300만 원, 향후치료비 50만 원, 후유장애 없음
  피해자 과실 30%, 위자료 200만 원 가정

- 상대운전자의 보험사 보상은?
① 대물배상 : 150만 원 X (1 − 0.3) = 105만 원 − 20만 원(A의 자기부담금) = 85만 원 보상
② 대인배상 : 300만 원 + 50만 원 + 200만 원 X (1 − 0.3) = 385만 원 보상
③ 합계 : 85만 원 + 385만 원 = 470만 원

- A의 보상 및 자기부담금은?
① A의 손실은 본인이 가입한 일배책에서 보상되지 않음(일배책은 타인의 손실만 보상함)
② A의 대물 자기부담금 20만 원 발생(상대운전자에게 직접 보상)

사례 2　　**남편이 오토바이를 운전하다가 보행인과 충격한 사고**

이야기

▶ 남편이 오토바이를 운전하다가 지나가는 보행인을 충격하면서 보행인이 넘어져 다쳐 치료비가 발생하거나, 골절, 수술, 혹은 사망에 이르게 되는 경우

남편이 오토바이를 운전하다가 지나가는 보행인을 충격하면서 보행인이 넘어져 다쳐서 치료비가 발생하거나 골절, 수술 혹은 사망에 이르게 되는 경우의 보상은 어떻게 될까요?

오토바이 운전자가 책임보험도 가입하지 않아 무보험 상태에 있을 때에도 일배책 보험이 있으면 보상되지 않을까 생각할 수 있습니다.

여러분들은 어떻게 생각하십니까?
오토바이를 운전하다 사고가 발생한 경우에도 일배책에서 보상이 가능할까요?

Q. 오토바이 운전 중 사고는 일배책에서 보상이 가능할까요?

× No 보상되지 않습니다!

이 경우에는 보상되지 않습니다.

자전거는 보상되고, 오토바이는 보상되지 않는다면, 그 기준은 무엇일까요? 헷갈리시죠? 일배책에서는 **자전거 및 인력거 등 원동력이 인력에 의한 것만** 보상됩니다.

결론적으로 일배책에서는 자전거, 인라인 스케이트, 스키, 보드 등의 사고는 보상이 되나 전기자전거, 오토바이, 전동보드 등의 전기로 동력이 활용되는 것들의 사고에 대해서는 보상되지 않습니다.

일배책 보상 규정 및 면책 규정

- 일배책에서는 자전거, 인라인, 스키, 보드 등 원동력이 인력에 의한 것만 보상 가능
- 전기자전거, 오토바이, 전동보드 등 전기로 동력이 활용되는 것들에 대해서는 보상되지 않음

정리하자면!!

사례 1 아내가 자전거를 운전하다가 보행인과 충격한 사고

▶ 아내가 자전거를 운전하다가 지나가는 보행인을 충격하면서 보행인이 넘어져 다쳐 치료비가 발생하거나, 골절, 수술 혹은 사망에 이르게 되는 경우

 보상이 가능합니다!

사례 2 남편이 오토바이를 운전하다가 보행인과 충격한 사고

▶ 남편이 오토바이를 운전하다가 지나가는 보행인을 충격하면서 보행인이 넘어져 다쳐 치료비가 발생하거나, 골절, 수술, 혹은 사망에 이르게 되는 경우

✗ No 보상되지 않습니다!

보상되는 수단

자전거

인라인 스케이트

스키

보드

보상되지 않는 수단

오토바이

차량

전동보드

전기자전거

사례 1 강아지가 친구의 얼굴을 물어서 발생한 사고

이야기

▶ 강아지가 집에 놀러온 친구의 얼굴을 물어서 그 친구의 얼굴에 상처가 발생하여 치료를 받은 경우

　집에서 키우는 강아지가 집에 놀러 온 친구의 얼굴을 물어서 얼굴에 상처가 발생하여 치료를 받은 경우에는 보상이 어떻게 될까요?

　만약, 강아지 주인이 일배책에 가입한 경우 일배책에서 보상이 가능할까요?

Q. 강아지 주인의 일배책으로 보상이 가능할까요?

✓ Yes 보상이 가능합니다!

　요즘 강아지를 키우다가 타인에게 손해를 끼치는 경우가 종종 발생하는데요. 먼저 아들이 키우는 강아지가 집에 놀러 온 친구의 얼굴을 물어서 그 친구의 얼굴에 상처가 발생하여 치료를 받은 경우에는, 부모가 가입한 일배책에서 피해자의 치료비, 성형비용, 위자료 등의 손해배상금이 모두 보상됩니다.

민법에서는 강아지가 타인에게 손해를 끼친 경우 그 주인이 손해배상책임을 지게 됩니다. 또한, 어린아이가 키우는 강아지의 배상책임은 부모가 같이 책임지기 때문에 부모가 가입한 일배책에서 모두 보상이 가능합니다.

Q. 부모가 가입한 일배책에서 보상이 가능할까요?

- 민법에서는 강아지가 타인에게 손해를 끼친 경우 그 주인이 손해배상책임을 지게 됨
- 어린 아이가 키우는 강아지의 배상 책임도 부모가 같이 지기 때문에 부모가 가입한 일배책에서 모두 보상 가능함

사례 2 본인이 운영하는 식당에서 발생한 배상책임 사고

이야기

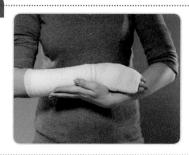

▶ 본인이 운영하는 식당에서 뜨거운 음식을 나르던 중 실수로 손님에게 쏟아서 손님이 화상을 입은 경우

본인이 운영하는 식당에서 뜨거운 음식을 나르던 중 실수로 손님에게 쏟아 화상을 입은 경우의 보상은 어떻게 될까요?

만약, 식당주인이 일배책에 가입한 경우, 그 일배책에서 보상이 가능할까요?

Q. 식당 주인의 일배책으로 보상이 가능할까요?

 **보상되지 않습니다!**

이 경우에는 보상되지 않습니다.

일배책의 면책기준을 살펴보면 직무수행에 직접 기인하는 배상책임, 즉 업무 중에 발생하는 배상책임은 보상하지 않는 손해로 규정하고 있습니다.

> **일배책 면책 규정**
>
> 직무수행에 직접 기인하는 배상책임(업무 중에 발생하는 배상책임)은 보상하지 않음

결론적으로 일상생활 중이 아닌 직무와 관련된 일을 하다가 발생하는 배상책임에 대해서는 보상하지 않고, 강아지를 키우는 등의 일상생활에 대해서는 모두 보상이 될 수 있습니다.

따라서 강아지나 큰 개로 인해서 물리는 사고를 당했을 때, 단순히 서로가 민사적으로만 해결할 것이 아니고 그 개의 주인이 일배책 보험에 가입되어 있는지를 꼭 확인해야 하며, 만약 일배책 보험이 가입되어 있다면 그 일배책으로 충분한 보상을 받기를 바랍니다.

사례 1 강아지를 키우는 등 일상생활 중 발생한 사고

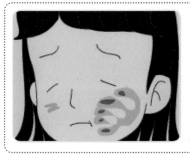

▶ 강아지가 집에 놀러온 친구의 얼굴을 물어서
그 친구의 얼굴에 상처가 발생하여 치료를
받은 경우

 보상이 가능합니다!

사례 2 직무에 관련된 일을 하다가 발생한 사고

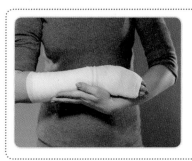

▶ 본인이 운영하는 식당에서 뜨거운 음식을
나르던 중 실수로 손님에게 쏟아서 손님이
화상을 입은 경우

 보상되지 않습니다!

초등학교 교실에서 장난을 치고 있던 두 아이.
남자 아이가 여자 아이의 손을 놓치는 바람에,
여자 아이의 얼굴이 칠판 모서리에 긁히는 사고 발생

오늘의 학습과 관련된 실제사례를 함께 살펴볼까요?

이번 실제사례는 필자의 딸인 시온이가 학교에서 친구와 장난을 치던 중 발생한 사례입니다.

사례

준수는 시온에게 장난치는 것이 너무 재미있었습니다. 준수가 시온이의 손을 잡고 교실을 빙글빙글 돌고 있었는데 손을 놓치는 바람에 시온이가 칠판 옆에 있는 모서리에 눈이 스치면서 상처가 나고 말았습니다. 피가 나고, 아이는 울고, 참 많이 당황스럽고 속상했었는데 아이를 데리고 안과에 가서 검사를 하니 다행히도 안구에는 이상이 없었고, 찢어진 상처에 대해서만 대학 병원 성형외과에서 치료를 잘 받았던 사례입니다.

그렇다면, 이때 시온이의 보상은 어떻게 될까요?

학교 안전공제회에서 일부 치료비를 청구해서 받았으나 보상되지 않는 치료비와 앞으로 발생할 성형치료비 등을 생각할 때 가해부모에게 합의금과 치료비를 받아야 하는 상황이었습니다. 그런데, 마치 딸아이의 사건을 놓고 보상을 바라는 아버지처럼 비쳐질까봐 입장이 좀 곤란하기도 하고, 또한 가해부모 입장에서는 보상하긴 해야 하는데 얼마를 어떻게 보상해야 할지 몰라 서로가 불편한 상황이 연출되고 있었습니다.

Q. 보상처리는 어떠할까요?

- 학교 안전공제회에서 치료비를 청구해서 받았으나 보상되지 않는 치료비도 있었음
- 아이의 향후 성형비, 치료비 등의 합의금 처리 유무가 고민이었음
- 가해자 입장에서의 처리 방법도 막막하였음

그래서 필자가 가해학생 부모에게 전화를 걸어 가해부모님이 가입한 손해보험 상품중에 일배책 보험이 가입되어 있는지 물어보았습니다.

처음에는 가해 부모님도 일배책 가입사실을 모르고 있었으나 시간을 가지고 알아보던 중에 일배책 특약 가입사실을 확인할 수 있었습니다.

추후 필자는 가해 부모님이 가입한 일배책에 보험접수를 하여 시온이의 치료비, 향후치료비, 성형비용, 위자료 등을 청구하여 약 500만 원 정도의 손해배상금을 받게 된 실제사례이야기입니다.

Q. 보상처리 결과는?

- 가해자 부모의 일배책 가입유무 확인 후 일배책에 보상접수
- 치료비, 성형비용, 위자료, 기타 향후 치료비에 대해 약 500만 원 정도 보상받음

여러분들도 이런 사건이 발생하면 많이 당황스럽고 속상하겠지만 침착하게 일배책 보험을 꼭 찾아보고, 가·피해자 간의 감정싸움이 되지 않고 원만하게 해결할 수 있도록 일배책 보험제도를 적극 활용하시기 바랍니다.

학교안전공제회에서만 보상이 되는 줄 알았더라면

추가적인 위자료나 성형수술비를 못 받았을 것
그러나 가해학생 부모의 일배책 보험을 찾게 되어
실제 손해액을 보상받음

| 치료비 | 위자료 | 성형 수술비 | 향후 치료비 |

실제손해액 약 500만 원 보상받음

전문가 KEY NOTE

" 일배책보다 '가족일배책'이 더 유익하다 "

마지막 전문가 Key Note 주제는 "일상생활 배상책임보험보다 가족 일상생활 배상책임보험이 더 유익합니다."라는 주제입니다.

일상생활 배상책임 보험	가족 일상생활 배상책임 보험
• 피보험자는 가입하는 본인과 배우자만 해당함 • 다만, 만 13세 이하의 미성년자의 경우 부모의 '일배책'으로 보상가능	• 피보험자의 범위 확대됨 • 본인과 배우자를 포함하여 가족관계 증명서상의 생계를 같이 하는 친족 모두가 피보험자에 해당됨 (장성한 자녀 및 같이 사는 부모 등 포함)

> 일상생활 배상책임보다 더 보장의 폭이 넓음

일배책 보험의 피보험자는 가입하는 본인과 배우자 두 명 뿐입니다. 다만, 만 13세 이하 미성년자의 경우에는 통상 부모가 그 행위에 대해서 민법상 감호태만과실을 물어 법률상 책임을 질 때 부모의 일상생활 배상책임보험으로 보상 가능합니다.

하지만 만 13세를 넘은 자녀나 대학생의 자녀를 둔 경우에는 그 자녀가 직접 일배책을 가입하지 않았다면, 부모가 가입한 일배책에서 보상되지 않을 수 있습니다.

이러한 문제점을 해결하기 위해 피보험자의 범위를 확대하여 적용해주는 특약이 바로 가족 일상생활 배상책임 보험입니다. 가칭으로 가배책이라고 표현할 수 있겠습니다.

가배책의 피보험자의 범위는 본인과 배우자를 포함하여 가족관계증명서상의 생계를 같이 하는 친족 모두가 피보험자에 해당됩니다. 따라서, 장성한 자녀나 같이 사는 부모 등도 가배책에서는 피보험자에 해당되어 그들이 어떠한 실수로 타인에게 손해를 가한 경우 가배책에서 1억 원 한도로 모두 보상이 가능합니다.

만약! 가족이 많은 경우 가급적 일배책보다 가배책 가입을 적극 추천드립니다.

문○○ (서울 구로경찰서 교통조사계)

실무처리하면서 보험관련 문의가 많았는데 교수님 강의를 듣고 보험처리 체계를 완벽히 잡았습니다. 사고 가·피해자 구분도 중요하지만 교통사고는 보상 또한 중요하다고 생각했는데 정말 도움이 많이 되었습니다.

정○○ (경남 합천경찰서 교통조사계)

고객의 이익을 위하여 적극적인 보상 절차를 홍보하시는 모습에 큰 감명을 받았습니다. 교수님이야 말로 미래의 인재가 아닐까 생각합니다. 아무쪼록 앞으로도 고객의 이익을 최우선하는 전문가가 되시기를 기원합니다.

길○○ (경기 파주경찰서 교통조사계)

시종일간 열정적인 강의 잘 들었습니다. 동영상 강의 보면서 이해하지 못했던 부분도 이해할 수 있어서 좋았구요. 이번에 책자로도 발행된다고 하는데 보험에 대해 궁금하고 알고 싶었던 많은 사람들에게 큰 도움이 되리라 생각합니다. 백주민 교수님 대박나세요~^^

김○○ (부산 해운대경찰서 교통조사계)

지금까지 들었던 보험 보상 강의 중 최고의 강의였습니다. 어렵게만 느껴졌던 보험 보상 관계를 매우 이해하기 쉽게 설명을 해주셨네요. 교통사고 보상관계는 이 강의 하나만으로 충분합니다. 백주민 최고!

박○○ (인천 삼산경찰서 교통조사계)

3시간의 교육으로 복잡하게 흩어져 있던 궁금증도 해결되고 지식이 집약되는 느낌이었습니다. 강의 자체도 너무나 열정적으로 해주셔서 집중해서 들었습니다. 교육이 끝나고 사무실로 복귀하면 사이버강의도 꼭 신청할 예정이고 출판되는 책도 구매해서 보겠습니다. 백주민 사정사님 파이팅~^^

김○○ (경기 부천소사경찰서 교통조사계)

어려운 부분들을 쉽게 풀어 주셔서 정말 도움이 많이 되는 강의였습니다. 또한 꼭 필요한 강의라고 생각됩니다. 강의력도 훌륭하시고 귀에 쏙쏙 들어오는 소중한 시간이었습니다.

정○○ (경기 안양만안경찰서 교통조사관)

근무하면서 보험 처리하는 부분에 있어서 어려움이 많았는데 강의를 통해서 쉽게 배울 수 있었습니다. 목소리도 크셔서 졸음도 오지 않고 재미있게 들었습니다.

서○○ (부산 사하경찰서 교통조사계)

보험 관련해서 아무것도 모르시는 분들도 교수님 강의 한번이면 많은 지식을 얻어 갈 것 같습니다. 주위 분들에게 많이 추천 드리고 싶은 강의입니다. 교육 끝나고 돌아가면 사이버 강의도 꼭 들어야겠습니다. (책이 출판되면 책 보면서 저도 전문가가 되고 싶네요)

민○○ (서울 혜화경찰서 교통조사계)

일하면서 헷갈리고 어려웠던 보험관련 내용이 알기 쉽게 이해가네요. 아는 것이 힘이라는 말처럼 단순한 자동차 보험이 정말 든든한 보험으로 되는 것 같아요. 좋은 내용으로 알기 쉽게 강의해 주셔서 감사드립니다.

전○○ (서울 중랑경찰서 교통조사계)

실무에서 자주 접할 수 있는 내용들로 민원인들이 물어 볼 때 자신있게 대답할 수 있게 간단명료하고 기억에 남을 수 있는 양보다 질적인 강의여서 너무 좋았습니다. 많이 알려주기보다는 정확하게 한 개라도 알려 주시려는 마인드 또한 지식을 전달하시는 분의 가치관이 유능하다고 느껴졌습니다.

김○○ (경기 일산경찰서 교통조사계)

저는 20여 전 경찰공무원 입직 전에 보험회사(삼성화재)에 2년간 재직한 경험이 있던터라 오늘 자배법 강의는 개인적으로는 특별한 의미로 강청했던 것 같습니다. 이미 어느 정도 알던 내용이라 유익하고 쉽게 이해되기도 했지만 핸섬한 백주민 강사님의 열강에 두 귀가 솔깃할 수밖에 없었습니다. 교통외근 업무상 반드시 필요한 내용이라 앞으로도 교통외근 과정에 반드시 강의 넣어 주시면 감사하겠습니다.

차○○ (경남 의령경찰서 교통조사계)

교수님이 열정적이고 쏙쏙 들어오게 강의를 해주시니 관련 궁금증도 시원하게 해결되고 유익한 정보를 들으니 알찬 강의에 감사함을 느낀다. 정확한 판례나 법령을 근거로 궁금한 사항을 명쾌하게 설명해 주시니, 교통사고 시 효율적으로 대처하는 능력을 배운 것 같다. 백주민 전문가가 아니면 정확한 강의를 듣는 것은 쉽지 않은 듯하다.

이○○ (충남 행정직 공무원)

자동차 운전 중 실생활에서 많이 일어나고 있는 예시들과 재미있는 설명을 섞어서 강의해주시니 머릿속에 내용들이 쏙쏙 이해되고 재미있었습니다. 여러 강의를 들었지만 이렇게 모든 수강생들이 적극적으로 참여하고 질문하며 인기가 있었던 수업은 처음이었습니다. 백주민 교수님의 책이 곧 출판될 예정이라고 하니 기대가 되고 주변사람들에게도 추천해주고싶습니다. 많은 사람들이 백주민 교수님의 강의를 듣거나 책을 읽어서 '권리 위에 잠자는 자가 아니라 당당하게 권리를 행사할 수 있었으면 좋겠습니다. 백주민 교수님을 응원합니다!

경찰대학 A학생

교수님의 특강은 굉장히 도움되는 내용이었습니다. 실제 경찰관 분들께서도 가장 선호도가 높은 강의라고 하셨는데, 왜 그런지 알 것 같은 강의였습니다. 강사분의 인품도 좋으셨고, 경찰관으로서 알아야 할 것이기도 하지만, 실제 살아가면서 필요했던 내용이라 생각하여 무지 재미있게 들었습니다. 다음 학기에 수업을 들을 수 있게 된다면 꼭 다시 초빙해주셨으면 합니다.

경찰대학 B학생

교수님의 강의는 밝고 에너지가 넘쳐 듣는 저도 즐겁고 집중할 수 있었습니다. 수업을 통해 평소 궁금했던 대인, 대물, 자손, 자차의 보상범위가 어떻게 되고 어떤 경우에 적용되는지를 명쾌하게 알 수 있었습니다.

경찰대학 C학생

이번 교통사고 보상이야기는 정말 재미있었습니다. 백주민 교수님께서 자동차 보험에 대해서 쉽고 명쾌하게 설명하고, 다양한 사례를 통해 자동차 보험을 공부할 수 있어서 매우 좋았습니다. 강추입니다.

MEMO

나도 당할 수 있는
교통사고 보상 이야기

발 행 일	2019년 4월 1일 개정2판 1쇄 인쇄
	2019년 4월 10일 개정2판 1쇄 발행
저 자	백주민
발 행 처	

http://www.crownbook.com

발 행 인	이상원
신고번호	제 300-2007-143호
주 소	서울시 종로구 율곡로13길 21
대표전화	02) 745-0311~3
팩 스	02) 766-3000
홈페이지	www.crownbook.com
I S B N	978-89-406-4073-9 / 13320

특별판매정가 19,000원